ABRAZA TU *Vergüenza* EMPODÉRATE

JACQUELINE VRBA

Abraza Tu Vergüenza, Empodérate

© 2024 by Jacqueline Vrba

Todos los derechos reservados. Ninguna parte de esta publicación puede ser reproducida, distribuida o transmitida en cualquier forma o por cualquier medio, incluyendo fotocopias, grabaciones u otros métodos electrónicos o mecánicos, sin el permiso previo por escrito de la autora, excepto en el caso de citas breves incorporadas en revisiones críticas y ciertos otros usos no comerciales permitidos por la Ley de derechos de autor.

Esta edición ha sido publicada por
Editorial Revive
New York, Estados Unidos de Norteamérica
www.editorialrevive.com
Impreso en los Estados Unidos de Norteamérica

Primera Edición: Septiembre de 2024

Editorial Revive es una división de Revive Group LLC

CONTENIDO

Acerca de la autora 7
Prólogo 9
Introducción 11
Dedicatoria 13
Agradecimientos 15
Propósito del Libro 17
Mi Camino hacia el Empoderamiento 19
¿Qué es la vergüenza? 25
Tipos de vergüenzas 37
Historias de éxito de quienes abrazaron su vergüenza 93
Cuando el hombre perdió la inocencia nació la vergüenza 107
Tómate una radiografía del alma 119
Cómo Superar la Vergüenza y Alcanzar el Éxito 131

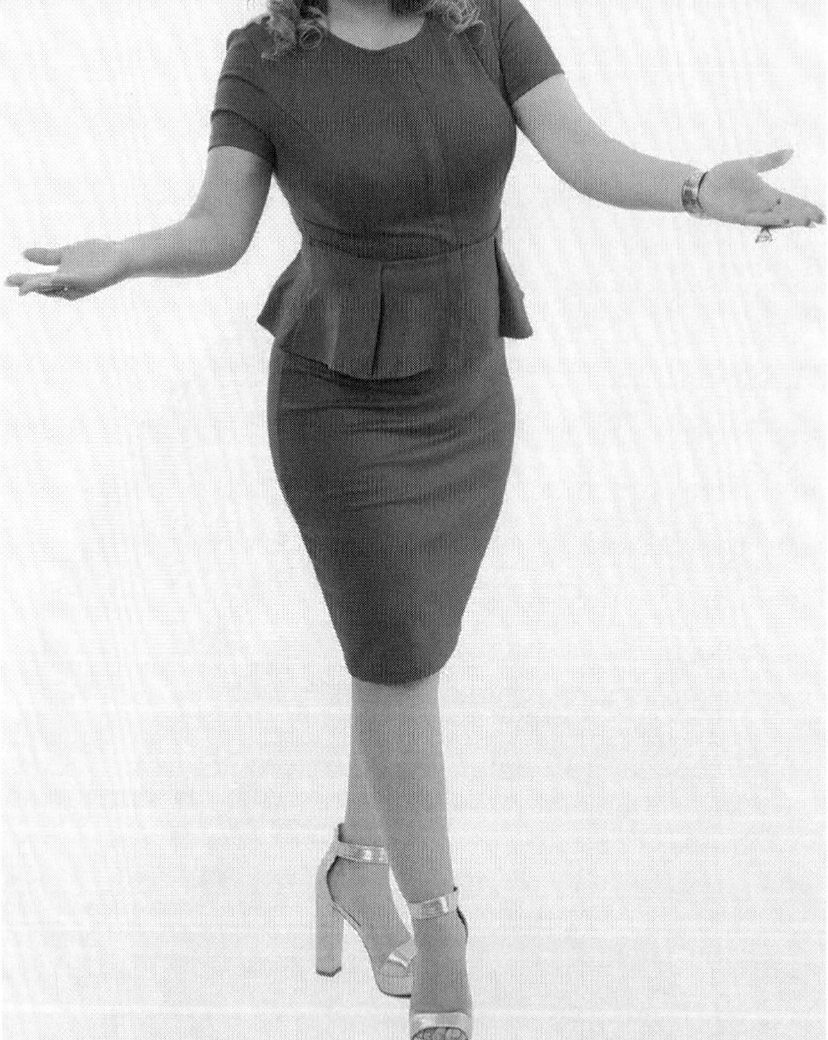

Jacqueline Vrba

ACERCA DE LA AUTORA

Jacqueline Vrba, una empresaria guatemalteca residente en los Estados Unidos desde 2014, fundó BIOME Herbolaria, su primera empresa en los EE. UU., especializada en la creación y venta de productos naturales a base de hierbas, como jabones y cosméticos naturales. Su iniciativa atrajo a muchas mujeres interesadas en estos productos, lo que llevó a ofrecer clases para enseñar cómo fabricarlos y promover el bienestar.

Notando la necesidad de un Instituto de Oficios accesible para todos en California, nació el Instituto Fridars bajo su liderazgo. Aquí, las mujeres aprenden diversos oficios, como repostería y costura entre otros, y desarrollan negocios desde casa. El Instituto Fridars ha servido a más de 4,000 estudiantes con cientos de testimonios exitosos, ofreciendo educación en negocios y marketing de forma gratuita.

Jacqueline, con experiencia en herboristería, marketing, y gestión, lidera con éxito el Instituto Fridars. Se ha certificado en coaching con mentores de renombre como John Maxwell y Bryan Tracy. Además, fundó *Fridars Magazine TV*, una plataforma y podcast que une a la comunidad.

También es coautora del libro *"Identidad de Coach, La Magia de la Transformación"*, lanzado por Revive Coaching

School. En resumen, Jacqueline Vrba y el Instituto Fridars empoderan a mujeres a través de la educación en oficios y negocios, marcando un gran impacto significativo en la comunidad latina en los Estados Unidos.

Jacqueline Vrba

PRÓLOGO

En mi vida, mi mamá ha sido una fuente profunda de sabiduría, compartiendo conmigo verdades relevantes. A medida que crezco y aprendo, reconozco con certeza que la mayoría de las personas que conozco no han aprendido de nadie, o lo han hecho de la manera difícil.

Mamá, quiero agradecerte por haber sido la primera en enseñarme estas verdades, incluso antes de que pudiera leer un libro. Desde que nací, has sido como ese grillito de conciencia que acompaña a Pinocho. A través de tus moralejas, consejos y anécdotas, me has guiado en cada paso de mi vida, aunque a mi edad, tu realidad haya sido completamente diferente a la mía.

El hecho increíble de que tú y yo estemos donde estamos, y no en Guatemala, de que estemos juntas, gozando de buena salud, con un futuro brillante y un presente igualmente resplandeciente, es suficiente para que aquellos que estén considerando leer este libro no lo piensen dos veces y se den la oportunidad de conocer no solo tu historia, sino también la verdad increíble de la vida.

Querido(a) lector(a),

"Abraza Tu Vergüenza, Empodérate" es un libro lleno de aprendizaje, desarrollo, milagros y lecciones de vida. Es una invitación y una señal para que empieces a vivir una vida nueva, y para ello necesitarás tener la mente abierta.

Desde pequeña, mi mamá me enseñó a orar y a agradecer, a pedir por sabiduría y entendimiento. Me enseñó que la sabiduría, como la de Salomón, es la habilidad de aplicar el conocimiento de manera justa y efectiva para lograr los resultados que deseamos. Por otro lado, el entendimiento es la capacidad de analizar, comprender e interpretar ese conocimiento, tanto para mí como para los demás.

Gracias, mamá, por ser mi guía y por compartir conmigo las lecciones más valiosas que he aprendido en la vida.

Te invito a que sigas leyendo con el corazón y la mente abiertos, porque lo que encontrarás en estas páginas va más allá de simples palabras. Este libro te desafiará a reflexionar, te inspirará a crecer y, sobre todo, te enseñará a abrazar esas partes de ti que quizás has evitado. La transformación comienza cuando aceptamos nuestras sombras y permitimos que se conviertan en nuestra mayor fortaleza.

Rebecca Alvarado Barahona
Hija de la autora

Jacqueline Vrba

INTRODUCCIÓN

En una sociedad que premia la "perfección" y la infalibilidad, admitir que sentimos vergüenza es un acto de valentía. Sin embargo, la vergüenza es una de las emociones más universales y profundamente humanas que experimentamos. A través de las páginas de este libro, "Abraza Tu Vergüenza, Empodérate", te invitamos a explorar esta emoción no como una debilidad, sino como una oportunidad para el crecimiento personal y la autocomprensión. Recuerdo que cuando estaba escribiendo este libro y le dije el título a una amiga, me dijo, *"I love it, ¡let 's get real!"* (¡Me encanta! ¡Seamos realistas!) y de esto se trata este libro, de aceptar un sentimiento humano la vergüenza y no de esconderlo.

Todos, en algún momento de nuestras vidas, hemos sentido la puñalada de la vergüenza. Puede surgir en diferentes momentos, cuando sentimos el fracaso, cuando estamos rodeados de otras personas muy exitosas, cuando recordamos eventos del pasado que preferimos olvidar. La vergüenza nos hace querer escondernos, desaparecer, o cambiar quiénes somos. Sin embargo, es precisamente este poderoso impacto el que también nos ofrece una puerta hacia una comprensión más profunda de nosotros mismos y de nuestras relaciones con los demás.

En este libro, dividiremos el viaje en tres partes fundamentales: conocer la vergüenza, entenderla, y finalmente, usarla como un poder para el bien en nuestras vidas. A través de un enfoque, que incluye insights psicológicos, ejemplos culturales, ejercicios prácticos e historias personales, exploramos cómo la vergüenza moldea nuestras percepciones y comportamientos. Te guiaremos a través de procesos de reflexión que no sólo te ayudarán a identificar y aceptar tus momentos de vergüenza, sino también a transformar estos momentos en escalones para una vida más consciente y auténtica.

"Abraza Tu Vergüenza, Empodérate" no busca erradicar esta emoción, sino cambiar el sentimiento, que la rodea de miedo y aversión a una comprensión y poder. Al abrazar este sentimiento, no solo nos liberamos de su carga, sino que también nos abrimos a una vida de mayor empatía y conexión con los demás.

Te invito a adentrarte en este viaje, no como un espectador, sino como un participante activo en el proceso de redescubrir y redefinir lo que la vergüenza significa para ti. Prepárate para desafiar tus percepciones, abrazar tus vulnerabilidades, y encontrar fortaleza en lo que una vez consideraste tu mayor debilidad. Bienvenido a un camino hacia una mayor autenticidad y libertad emocional. Bienvenido a "Abraza Tu Vergüenza, Empodérate".

DEDICATORIA

A mi querida madre, Alida Magdalena Barahona Méndez, cuya memoria sigue iluminando mi camino incluso en su ausencia. Aunque ya no estás físicamente con nosotros, tu espíritu y tu amor continúan siendo una fuente de fortaleza en mi vida. Gracias por ser mi inspiración para ayudar a otras Mujeres a encontrar su pasión en Fridars Institute. ¡Gracias a ti muchas mujeres han encontrado esa Misión de Vida, ese rumbo o esa guía que todos requerimos algunas veces en la vida! Descansa en paz, querida madre. Vivirás siempre en mi corazón.

Y a mi hermano, José Antonio Barahona, quien también ha partido a los brazos del Señor. Tu recuerdo vive en cada página de este libro, en cada palabra escrita. A través de estas líneas, busco honrar tu vida y el impacto que tuviste en aquellos que tuvimos la fortuna de conocerte.

Este libro está dedicado a ambos, con todo mi amor y gratitud, esperando que, en algún lugar, más allá del tiempo y del espacio, puedan sentir el amor y el respeto que siempre les he tenido. Que este humilde trabajo sea un reflejo del amor y la luz que ambos trajeron a mi vida.

Abraza Tu Vergüenza, Empodérate

Jacqueline Vrba

AGRADECIMIENTOS

Al escribir este libro, "Abraza Tu Vergüenza, Empodérate", he sido acompañada no solo por el recuerdo de aquellos que amo y he perdido, sino también por el apoyo inestimable de muchas personas vivas que han enriquecido este proceso con su sabiduría, su tiempo y su aliento.

Primero, debo agradecer a los expertos y mentores en el campo de la psicología y las humanidades que generosamente compartieron su conocimiento y experiencia. Su guía fue esencial para dar forma a los conceptos y estrategias que se presentan en estas páginas.

Agradezco también a mis colegas y amigos, cuyo amor y comprensión fueron cruciales mientras me embarcaba en este viaje de escritura. Sus perspectivas y su apoyo incondicional me ayudaron a superar los momentos de duda y a mantener el rumbo hacia la finalización de este proyecto.

Un agradecimiento especial a mi familia, que ha sido mi roca y refugio a lo largo de toda mi vida. Su amor y apoyo han sido incondicionales no solo me han dado la fuerza para enfrentar mis propias vergüenzas, sino también la inspiración para ayudar a otros a hacer lo mismo.

A mi equipo editorial y de diseño, gracias por su habilidad y dedicación para transformar mis manuscritos en un libro que espero sea tanto estéticamente agradable como profundamente útil para nuestros lectores.

Finalmente, pero no menos importante, a ustedes, mis lectores, que han confiado en este libro para explorar un tema tan personal y a menudo tabú. Gracias por su valentía y su disposición a embarcarse en este viaje conmigo. En estas páginas encontrarás las herramientas y la inspiración para abrazar tus propias vergüenzas o miedos y transformarlas en puentes hacia una vida más plena y auténtica.

Gracias a todos desde el fondo de mi corazón. Este libro no solo es un tributo a quienes he perdido, sino un regalo de gratitud a cada uno de ustedes que son parte de este viaje maravilloso llamado Vida.

Jacqueline Vrba

PROPÓSITO DEL LIBRO

Querido lector, este libro es más que un conjunto de páginas; es una puerta hacia una nueva conciencia y autodescubrimiento. Te invito a tomar un momento para respirar profundamente y sentir la vida que fluye en ti. Este es el primer paso hacia un nuevo despertar.

La vergüenza puede ser una enemiga poderosa, nacida de diversas fuentes: el color de tu piel, tu situación económica, problemas familiares, o cualquier circunstancia que haya teñido tu corazón de dolor. A veces, te sientes atrapado en una vida de humillación, escasez y limitaciones. Pero déjame decirte algo importante: tu vergüenza no define tu destino. Aunque a menudo paraliza y bloquea tu camino hacia la felicidad y el éxito, tú mereces ser descaradamente feliz.

Tu situación actual, que puede parecer un motivo de vergüenza, puede convertirse en tu mayor fuente de motivación. No se trata de negar lo que has vivido; es crucial abrazar tu historia, con todas sus sombras y luces, y usar esa energía para impulsarte hacia adelante. La clave está en despertar tu conciencia y tomar control de tu destino.

He caminado por senderos similares a los tuyos, he sentido el peso de la vergüenza y la desesperanza. Pero también he descubierto que dentro de cada uno de nosotros hay una fuerza inmensa capaz de transformar nuestras vidas. Quiero ser tu guía en este viaje.

Visualiza tu futuro. ¿Qué ves? ¿Sueños alcanzados, una vida llena de propósito? Eso es posible para ti. A través del aprendizaje y la preparación, puedes equiparte con las herramientas necesarias para derribar los muros que te rodean.

Recuerda: no estás solo en este camino. Cada pequeño paso que das es una victoria, un testimonio de tu capacidad para superar adversidades. No importa cuán difíciles sean tus circunstancias actuales; lo que realmente importa es tu determinación para cambiarlas.

Vamos a caminar juntos en este viaje de autodescubrimiento y crecimiento. Permíteme mostrarte que la vergüenza es solo una fase temporal. Tu verdadera esencia es fuerte, resiliente y capaz de alcanzar grandes alturas. Todo comienza con una chispa de conciencia y una decisión de prepararte para un futuro mejor.

Así que, querido lector, abre tu corazón y tu mente. Este libro es tu herramienta, tu aliado fiel en cada paso de este viaje. Si terminas este libro, descubrirás una vida llena de oportunidades y nuevas posibilidades. Estás a punto de embarcarte en una aventura que puede cambiar tu vida para siempre. ¿Estás listo? ¡Vamos a hacerlo juntos!

Capítulo I
MI CAMINO HACIA EL EMPODERAMIENTO

¿Quién es Jacqueline Vrba?

El consejo de toda mamá generalmente es, "no hables con desconocidos". Y como madres, solemos tener razón. Antes de continuar con esta lectura, quiero abrirte la puerta de mi vida para que me conozcas y entiendas de dónde vengo y cómo llegué hasta aquí.

Nací en Guatemala, la ciudad de la eterna primavera, un país lleno de belleza y contrastes, pero con muchas creencias limitantes, hambre, ignorancia y pobreza.

Crecí en un ambiente de pobreza extrema, enfrentando no solo las dificultades económicas, sino también los vicios que se heredaron en mi familia. Mi infancia estuvo marcada por carencias, hambre, inestabilidad, miedo y la incertidumbre. Cada día era una incógnita, mucho más después de volvernos homeless (sin vivienda permanente), ya que no teníamos donde vivir. Mi abuela perdió la casa que le regalaron sus empleadores. Vivíamos algunos días sin comida, sumado a la incertidumbre de cuál sería la nueva locura en la que mi madre se vería envuelta. Recuerdo episodios de terror que todavía me hacen temblar, episodios en los que trabajo cada día para borrar de mi mente.

Mi madre no fue una mujer mala; ella solo estaba luchando con sus demonios emocionales, y esa lucha se manifestaba de manera destructiva. Los traumas que viví durante esos años fueron profundos, y todavía, al recordarlos, siento un escalofrío recorriendo mi cuerpo. Crecer sin la figura paterna, solo intensificó mi sentimiento de vergüenza y aislamiento. En la escuela, me preguntaban por mi padre, y no tenía respuestas. Mientras tanto, mi madre estaba ocupada lidiando con sus propias batallas emocionales. La Biblia dice que la honra de los hijos son los padres (Proverbios 17:6). Por muchos años, me refugié en la religión cristiana. Aprendí mucho y fui muy bendecida por lo aprendido, aunque actualmente no profeso ninguna religión y respeto todas.

Este fue uno de mis primeros encuentros con la vergüenza, una vergüenza que no surgió por algo que yo había hecho, sino por las circunstancias en las que nací. Y fue en este entorno donde aprendí a luchar, no solo por sobrevivir, sino por encontrar un propósito más grande en la vida.

Logré cambiar mi realidad utilizando el conocimiento que estoy compartiendo contigo en este libro. Mi vida ahora no se parece en nada a esa infancia. Estoy felizmente casada, soy madre de tres hijos maravillosos: una joven de 21 años y dos niños de 7 y 9 años. Ser madre ha sido una de las experiencias más desafiantes y gratificantes de mi vida. Como madre, mi misión es ofrecerles a mis hijos una vida estable y amorosa, diferente a la que yo tuve. Al hacer esto les demuestro a mis hijos que a pesar de las dificultades, es posible superar las adversidades y construir una vida llena de propósito y éxito.

En 2014, me mudé a los Estados Unidos, un país lleno de oportunidades, pero también de desafíos. Antes de mi mudanza, ya había comenzado mi camino empresarial en Guatemala, demostrando que el éxito no está vinculado a un lugar específico, sino a la dedicación y al esfuerzo constante. Cuento esto para no hacerle más publicidad al sueño americano, ya que la vida en USA es muy diferente a las películas; es muy dura, y hay muchísimas personas que viven en la calle. Claro que estoy muy agradecida con este país, en donde he seguido creciendo mucho a nivel personal.

Fue en California donde fundé Biome Herbolaria Cosmética, mi primer emprendimiento en Estados Unidos. Siempre he tenido una pasión por las hierbas y lo natural, así que decidí especializarme en la creación de productos a base de hierbas, como jabones y cosméticos naturales. Mi iniciativa atrajo a muchas mujeres que no solo compraban mis productos, sino que también querían aprender a hacerlos ellas mismas.

Así, comencé a dar clases. Después de preparar manuales y teoría aplicada, ya estaba enseñando a otras mujeres cómo crear estos productos. Verlas encontrar una nueva pasión y generar ingresos para sus familias fue una experiencia increíblemente gratificante. Sin embargo, pronto me di cuenta de que había una necesidad aún mayor en mi comunidad: muchas mujeres no tenían acceso a la educación o a los recursos necesarios para aprender un oficio y desarrollar un negocio propio.

Fue entonces cuando nació la idea de Fridars Institute. Este instituto, con presencia tanto virtual como física en California, es un espacio inclusivo donde las mujeres pueden aprender diversos oficios, desde decorar pasteles hasta costura, y desarrollar negocios desde sus hogares. Fridars no es solo un lugar de aprendizaje; es un lugar de transformación. Durante una terapia, me di cuenta de que la inspiración para crear Fridars venía de mi madre. Ella no era una mala persona; simplemente nunca encontró su pasión. En Fridars, ayudamos a nuestras alumnas a descubrir esa pasión que les dará el poder de ir tras sus sueños y que estos sueños se conviertan en no negociables.

Liderar Fridars es una pasión y una responsabilidad que tomo muy en serio. Por eso, me sigo preparando y creciendo como líder. Me certifiqué en coaching, marketing y ventas con mentores de renombre como John Maxwell, Bryan Tracy, Margarita Pasos y otros maestros maravillosos, para poder ofrecer una guía sólida a las mujeres que confían en nosotros.

Un dato importante: al llegar a Estados Unidos, me sentía muy aislada y sola. Estar en un país nuevo, lejos de todo lo familiar, fue una experiencia difícil. Me hubiera encantado que existiera un lugar como Fridars, donde pudiera haber conocido a otras mujeres latinas y haber encontrado el apoyo y la comunidad que tanto necesitaba en ese momento. Es por eso que Fridars no es solo un lugar de aprendizaje, sino también un espacio para crear conexiones y apoyarnos mutuamente.

Emprender no ha sido un camino fácil, y he tenido mis errores, dudas y temores. Pero aprendí a abrazarlos, con mucha oración y fe. El miedo, en lugar de paralizarme, se ha convertido en un aliado que me mantiene alerta y me impulsa a ser mejor. Aceptar mis emociones, incluidas la vergüenza y el miedo, ha sido clave en mi camino hacia el empoderamiento.

Sé que hay momentos en la vida en los que la desesperanza es abrumadora. Yo también he pasado por esos momentos. Recuerdo una noche en particular en la que estaba a punto de quitarme la vida. Después de ver como un familiar le había pegado a mi mamá y por muchas presiones más, sentía que no había salida, que todo estaba perdido. Pero en ese momento, un ángel me habló y me dijo que no lo hiciera. Sentí su abrazo, y lloré por lo que pareció una eternidad. No sé por qué ese ángel me detuvo, pero tal vez fue para que pudiera estar aquí hoy, escribiendo este libro, y para que tú pudieras leerlo.

Cuando veas a una persona exitosa, no pienses que ha sido cuestión de suerte. Detrás de cada éxito hay una preparación constante, un trabajo diario para superar las barreras internas y externas. Ahora, te pregunto: ¿estás dispuesto a prepararte constantemente, a enfrentar lo que te hace sentir incapaz o avergonzado para alcanzar tus sueños? Empieza por terminar de leer este libro y, si te ha inspirado, recomiéndalo a otros y etiquétame escribiendo en redes sociales #nomasverguenza.

Abraza Tu Vergüenza, Empodérate

¿Por qué escribir un libro acerca del sentimiento de vergüenza? Porque nadie quiere hablar de ello, y precisamente por eso hay muchos niños inseguros, adolescentes y adultos escondidos que necesitan entender que no hay NADA DE QUÉ AVERGONZARSE.

Capítulo II
¿QUÉ ES LA VERGÜENZA?

La vergüenza es una emoción humana universal, profundamente arraigada en nuestra experiencia cotidiana. Desde una edad temprana, aprendemos a identificar y experimentar esta sensación incómoda y, a menudo, dolorosa. Pero, ¿qué es exactamente la vergüenza? ¿De dónde proviene y por qué tiene un poder tan grande sobre nosotros?

En su forma más básica, la vergüenza es un sentimiento de deshonor, humillación o indignidad. Es esa sensación aguda que se apodera de nosotros cuando creemos que hemos hecho algo mal, que hemos fallado de alguna manera, o que no cumplimos con las expectativas propias o ajenas. Es una emoción que nos hace sentir pequeños, insuficientes y, a menudo, deseosos de ocultarnos o desaparecer.

Responde estas tres preguntas:

1. ¿Recuerdas en tu infancia la primera vez que sentiste vergüenza?

2. ¿Cuál ha sido el momento en tu vida en el que te has sentido más avergonzado?

3. ¿Qué momento en la vida diaria te puede causar vergüenza?

La vergüenza no es simplemente un sentimiento pasajero; tiene raíces profundas en nuestra psicología y en la evolución de nuestra especie. Desde una perspectiva evolutiva, la vergüenza juega un papel crucial en la sociedad.

Sentir vergüenza por ciertas acciones pudo habernos ayudado a mantenernos alineados con las normas y expectativas del grupo, ¿a que grupo te recuerda? Por ejemplo, la familia utiliza mucho el sentimiento de vergüenza para hacernos entrar en razón. Tal vez recuerdas amonestaciones como "¿no te da vergüenza ser malo con tu hermano? ¿No te da vergüenza ser cochino? Me imagino que vienen a tu mente algunos otros ejemplos.

Anteriormente pudo haber sido vital para la supervivencia. Ser aceptado por el grupo significaba protección, recursos y apoyo, mientras que ser rechazado o excluido podía ser una sentencia de muerte.

Sin embargo, en el mundo moderno, la vergüenza puede manifestarse de maneras que no siempre son constructivas. A menudo, surge de normas sociales y expectativas que son imposibles de alcanzar, como los ideales de belleza, éxito profesional, o comportamientos sociales. La vergüenza puede ser desencadenada por comentarios insensibles, por fracasos percibidos o por la comparación constante con los demás, especialmente en la era de las redes sociales donde las vidas de los demás a menudo parecen perfectas.

La vergüenza puede acompañarnos desde el día nacimiento. Tal vez has escuchado comentarios discriminatorios cuando las personas ven a un niño recién nacido: "como está de negrito", "como está de blanquito", "está feíto el pobre bebé". Aunque parezca gracioso no lo es. Comentarios crueles, como burlarse de alguien cuando se le escapa un moco o un pedo.

Por cierto, dato curioso sobre la palabra "pedo": me encanta como en mi querido México utilizan esta palabra para casi cualquier situación. Pero volvamos al tema, que es realmente importante.

Es importante diferenciar entre vergüenza y culpa, aunque a veces se utilicen indistintamente. La culpa es la sensación de haber hecho algo malo, mientras que la vergüenza es la sensación de ser malo. La culpa se centra en nuestras acciones; la vergüenza se centra en nuestra identidad. Sentirse culpable puede llevarnos a enmendar nuestras acciones y mejorar, mientras que sentirse avergonzado puede llevarnos a un espiral de autocrítica y baja autoestima. Esto se encuentra profundamente enraizado en tu mente inconsciente. Por eso, este libro te ayudará encontrar esas raíces y mantenerlas bien podadas.

La vergüenza también tiene una dimensión cultural. Diferentes culturas tienen distintas normas y valores que pueden influir en lo que se considera vergonzoso. Por ejemplo, en algunas culturas, la vergüenza puede estar más vinculada al honor y la reputación familiar, mientras que en otras puede estar más relacionada con la autonomía y el éxito personal. Entender estas diferencias culturales es crucial para comprender cómo la vergüenza se manifiesta y afecta a las personas de manera diversa.

Para muchas personas, la vergüenza puede convertirse en un obstáculo significativo en la vida. Puede impedirnos tomar riesgos, expresar nuestros verdaderos sentimientos o perseguir nuestros sueños. Puede ser una barrera para la autenticidad y la conexión genuina con los demás. Sin embargo, cuando se aborda y se comprende, la vergüenza también puede ser una fuente de empoderamiento.

Estoy segura que has visto personas poderosas, seguras de sí mismas, que no les importa su aspecto físico, su lugar de origen o su acento al hablar otros idiomas. ¡Esas personas son indestructibles! Y en eso quiero que te conviertas, ¡en un poderoso indestructible!

Abrazar la vergüenza no significa aceptarla pasivamente o permitir que nos domine. Significa reconocerla, entenderla y usarla como una herramienta para el crecimiento personal. Al enfrentarnos a nuestras vergüenzas, podemos descubrir nuestras vulnerabilidades y, a su vez, nuestras fortalezas. Podemos aprender a ser más compasivos con nosotros mismos y con los demás. Podemos transformar la vergüenza en una fuente de poder y resiliencia.

En los próximos capítulos, explicaré diversas estrategias para abordar y transformar la vergüenza. Hablaremos de técnicas de autocompasión, prácticas de mindfulness y formas de cultivar una autoimagen saludable. También compartiremos historias inspiradoras de personas que han enfrentado su vergüenza y han salido fortalecidas.

La vergüenza es una parte inevitable de la experiencia humana, pero no tiene que definirnos. Al comprender qué es la vergüenza y cómo nos afecta, podemos empezar a liberar su control sobre nuestras vidas y a empoderarnos para vivir con más autenticidad y coraje.

La vergüenza es parte de la vida diaria. El otro día fui al supermercado y solo había una carreta para llevar las compras, pero hacía mucho ruido al empujarla. Como llevaba prisa no tuve más remedio que usarla. Todos me miraban pasando por los pasillos mientras empujaba esa carretilla escandalosa. Me dio mucha vergüenza que todos me vieran, como queriendo decir, "Gracias por ese ruido espantoso". Y tú, ¿qué momento recuerdas en tu vida diaria que te haya dado vergüenza?

Este es solo el comienzo de un viaje hacia la autocomprensión y el empoderamiento. A medida que avanzamos, recuerda que la vergüenza, aunque dolorosa, también puede ser una puerta hacia un mayor crecimiento y realización personal. Juntos, aprenderemos a abrazarla y a transformarla en una fuerza positiva en nuestras vidas.

La energía de la vergüenza es densa y pesada, como un manto oscuro que envuelve el corazón y la mente. Es una fuerza que retrae, que nos hace sentir pequeños y vulnerables, llevándonos a ocultarnos o a evitar la mirada de los demás. La vergüenza puede paralizar, drenando la vitalidad y la confianza, como si fuera una sombra que eclipsa nuestra luz interior.

Esta energía no solo afecta el cuerpo, causando una sensación de opresión en el pecho o un nudo en el estómago, sino que también afecta la manera en que nos relacionamos con el mundo. Nos invita a escondernos detrás de máscaras, a reprimir nuestras verdaderas emociones y a dudar de nuestro valor.

Cuando otras personas perciben que llevas la energía de la vergüenza, es como si detectaran una vibración de inseguridad o fragilidad en ti, algo parecido a la telepatía. Esta percepción puede influir en cómo te tratan y en cómo interactúan contigo. A menudo, la vergüenza se manifiesta a través de comportamientos como evitar el contacto visual, encogerse o retraerse, hablar en voz baja o tener una postura corporal cerrada. Estos signos no verbales pueden enviar señales a los demás de que te sientes vulnerable o que estás cargando con un peso emocional.

Aquí hay algunas posibles reacciones de los demás cuando perciben esa energía:

1. Juicio o Crítica: Algunas personas pueden reaccionar a la vergüenza de los demás con juicio o crítica, viendo la vulnerabilidad como una debilidad. Pueden ser condescendientes, imponer su autoridad o incluso aprovecharse de esa inseguridad para sentirse superiores.

2. Distancia Emocional: Otros pueden sentirse incómodos al detectar la vergüenza y optar por mantener distancia emocional. La vergüenza puede actuar como una barrera, haciendo que sea difícil para los demás conectarse contigo de

manera auténtica, ya que la energía de la vergüenza puede transmitir una sensación de estar cerrado o inaccesible.

3. Empatía y Compasión: Por otro lado, algunas personas pueden responder con empatía y compasión al percibir esa energía. Pueden reconocer la lucha interna que representa la vergüenza y tratar de ofrecer apoyo, validación o un espacio seguro para que puedas expresar lo que sientes.

4. Reflejo de su propia vergüenza: A veces, la vergüenza que perciben en ti puede activar la vergüenza propia de los demás, llevándolos a proyectar sus sentimientos no resueltos sobre ti. Esto puede crear una dinámica complicada, donde ambas partes se sienten incómodas o desprotegidas.

En general, la energía de la vergüenza tiene el poder de moldear las interacciones y las relaciones. Puede crear una barrera invisible que dificulta la conexión genuina con los demás, ya que la vergüenza a menudo se basa en el temor de ser visto como "insuficiente" o "defectuoso". Sin embargo, al reconocer y trabajar en esa vergüenza, se puede comenzar a cambiar la energía que proyectas, lo que a su vez puede transformar la forma en que los demás te perciben y se relacionan contigo.

Vez porque es tan importante que te conozcas y entiendas esas vergüenzas, o algo importante que casi olvido es que las vergüenzas son transferibles hay muchos estudios que demuestran que padres avergonzados tienen hijos avergonzados. ¿Qué quieres para tus hijos?

La energía de la vergüenza

Imagina a alguien caminando con la cabeza gacha, evitando miradas, sintiéndose indigno de atención o respeto. Esa actitud puede hacer que otros se sientan incómodos o incluso aprovechen de esa vulnerabilidad. La triste realidad es que, a veces, cuando nos mostramos vulnerables o inseguridad, las personas no nos dan el apoyo que necesitamos, sino que se aprovechan maliciosamente de nuestra condición.

Es importante comprender que la vergüenza no define quiénes somos realmente. Es una emoción poderosa, pero no invencible. A menudo proviene de experiencias pasadas o de comparaciones con los demás que son injustas e inútiles. La verdadera fuerza reside en aprender a aceptarnos y valorarnos a nosotros mismos, con todas nuestras imperfecciones y circunstancias.

Si te identificas con esta situación, te animo a reflexionar sobre qué es lo que te hace sentir vergüenza y por qué. Aceptar nuestras historias personales y aprender a amarnos a nosotros mismos es un proceso que lleva tiempo y esfuerzo, pero es fundamental para construir relaciones saludables y vivir una vida plena. No permitas que la vergüenza te paralice o te impida alcanzar tu verdadero potencial. Encontrarás que cuando te muestras auténtico y te aceptas a ti mismo, atraes a personas que te valoran por quién eres realmente.

Entendiendo la Vergüenza y sus Diferentes Formas

La vergüenza es una emoción compleja que puede tener un impacto profundo en nuestras vidas, tanto a nivel personal como social. Diversos estudios en psicología, sociología, antropología, y neurociencia han investigado cómo la vergüenza se manifiesta y afecta a las personas. Estos estudios nos ayudan a comprender cómo la vergüenza puede surgir en diferentes áreas de nuestra vida y cómo podemos trabajar para superarla.

Si observas todas las disciplinas científicas que estudian la vergüenza, queda claro que no es una emoción inventada o superficial, sino una realidad psicológica profundamente arraigada en la experiencia humana. Diversas ciencias se han dedicado a explorar la vergüenza desde múltiples perspectivas:

1. Psicología Clínica y Psicoterapia: Aquí, la vergüenza se estudia en relación con la salud mental. Se analizan cómo las experiencias tempranas de vergüenza pueden conducir a trastornos como la depresión, la ansiedad y los problemas de autoestima. Además, los terapeutas trabajan con los pacientes para identificar, enfrentar y superar la vergüenza tóxica, que puede limitar seriamente la vida de una persona.

2. Sociología y Estudios Culturales: Los sociólogos investigan cómo la vergüenza opera a nivel social. Exploran cómo las normas culturales, los roles de género y las expectativas sociales pueden generar vergüenza. La vergüenza social es utilizada como un mecanismo de control en muchas culturas, y la sociología examina cómo estas dinámicas afectan la vida diaria.

3. Neurociencia y Estudios del Comportamiento: La vergüenza también tiene una base biológica. Los estudios de neurociencia han identificado áreas del cerebro que se activan cuando una persona experimenta vergüenza, demostrando que esta emoción tiene efectos físicos y mentales tangibles. La investigación en este campo ayuda a entender cómo la vergüenza afecta el cerebro y cómo puede influir en el comportamiento humano.

4. Antropología: La antropología estudia la vergüenza en diferentes culturas, examinando cómo se utiliza para regular el comportamiento dentro de comunidades específicas. Los antropólogos investigan cómo las distintas culturas interpretan la vergüenza y qué comportamientos se consideran vergonzosos, proporcionando una perspectiva global sobre esta emoción.

5. Psicología del Desarrollo: Esta disciplina explora cómo se desarrolla la vergüenza desde la infancia hasta la adultez. Los estudios en psicología del desarrollo examinan cómo las experiencias tempranas, como el bullying o la crítica, pueden sembrar las semillas de la vergüenza que persisten durante toda la vida.

El hecho de que tantas ciencias diferentes se dediquen a estudiar la vergüenza muestra que no es un concepto trivial o inventado. Es una emoción real con profundas implicaciones para la salud mental, las relaciones sociales y el comportamiento humano. Comprender la vergüenza desde estos diferentes ángulos es esencial para poder abordarla de manera efectiva y, eventualmente, superarla.

En los próximos capítulos, te adentrarás en una exploración más profunda de esta emoción. Aprenderás sobre los diferentes tipos de vergüenza y cómo cada uno puede impactar tu vida. Conocerás historias inspiradoras de personas que han enfrentado su vergüenza y la han transformado en una fuente de fortaleza. Además, descubrirás estrategias y herramientas para enfrentarla, superarla y, finalmente, vivir una vida más auténtica y plena.

Abraza Tu Vergüenza, Empodérate

Capítulo III
TIPOS DE VERGÜENZAS

Todos tenemos vergüenzas que nos limitan, esas sombras que se esconden en los rincones más profundos de nuestro ser. En las raíces y surgen en los momentos más inesperados, recordándonos nuestras inseguridades y haciéndonos sentir pequeños e insuficientes.

Imagina estar en una sala llena de personas que parecen haber logrado más que tú, con títulos impresionantes y trayectorias profesionales envidiables. Mientras los escuchas hablar de sus logros, te invade una sensación de insuficiencia. Te comparas silenciosamente, y la vergüenza te abraza, susurrándote que no perteneces a ese lugar. Te hace olvidar todo lo que has conseguido, te reduce a una sombra de lo que eres en realidad.

Pero aquí está la clave, querido: debes ser consciente de tus vergüenzas. La vergüenza tiene muchas máscaras. Puede estar maquillada como humilde, escondida detrás de excusas o disfrazada de indiferencia. Debemos aprender a identificar esas máscaras y reconocerlas por lo que son. Solo así podremos empezar a despojarnos de ellas.

Debes también ser consciente del motivo de tus vergüenzas. A menudo, estas se arraigan en experiencias pasadas, en comentarios hirientes o en expectativas no cumplidas. ¿Quizá alguien te dijo alguna vez que no eras lo suficientemente bueno? ¿O comparaste tus logros con los de los demás y sentiste que no estabas a la altura? Entender el origen de estas vergüenzas es un paso esencial para liberarse de su peso. Permíteme contarte una historia que ilustra este punto.

Historia de María:

Hace unos años, conocí a María, una mujer increíblemente talentosa, pero que siempre dudaba de sus habilidades. Trabajaba en una empresa tecnológica y a menudo se sentía fuera de lugar, rodeada de colegas con títulos universitarios en ciencias de la computación y años de experiencia en el campo. María, en cambio, había aprendido por su cuenta, luchando contra la corriente y aprovechando cada oportunidad para mejorar sus habilidades.

Un día, durante una importante reunión, se le pidió que presentara su proyecto. El miedo y la vergüenza comenzaron a envolverla, comenzó a tartamudear, sudando excesivamente. Se sentía como una impostora, como si en cualquier momento de la presentación, alguien descubriera que no merecía estar allí. Imagínate a María, incómoda, y al resto esperando que ese momento terminara. ¿Has sufrido alguna escena similar? Pero mientras María hablaba, algo cambió. Recordó todo el esfuerzo y las largas noches de estudio, los momentos de duda y las pequeñas victorias que la llevaron hasta allí. Terminó su presentación con confianza, y el aplauso que recibió fue más que un reconocimiento; fue una liberación.

María me confesó más tarde que esa experiencia la ayudó a enfrentar sus vergüenzas. Se dio cuenta de que su miedo estaba basado en comparaciones injustas y expectativas externas. Ella era valiosa por lo que había logrado, no por los títulos que no tenía.

¿Qué fue lo que hizo María? ¿Qué fue lo que trajo ese cambio sorprendente? Utilizó su poder mental al recordar todo el esfuerzo que había imprimido en su preparación, comenzó a auto afirmarse. Eso es precisamente lo que tu requieres para dar el giro que necesitas: auto afirmarte en el silencio de tu mente.

Todos llevamos estas cargas invisibles. Tal vez las tuyas son diferentes a las de María, pero la vergüenza tiene el mismo efecto debilitante. Te impide ver tu verdadero valor, te mantiene en la sombra de lo que podrías ser. La clave está en ser honesto contigo mismo, en reconocer y enfrentar esas vergüenzas, y en descubrir el motivo que las origina.

La próxima vez que te sientas pequeño, recuerda que tu valor no se mide por las expectativas ajenas o por los logros de los demás. Tu camino es único, y cada paso que das, por pequeño que parezca, es una victoria. Atrévete a abrazar tus inseguridades y transformarlas en la fuerza que te impulsa hacia adelante.

La vergüenza es una emoción profunda y a menudo paralizante que puede moldear nuestras vidas de maneras muy perjudiciales. Nos hace sentir pequeños, inadecuados y nos limita en nuestro potencial, impidiéndonos vivir plenamente y con autenticidad. La vergüenza nos dice que no somos lo suficientemente buenos y que debemos ocultar quiénes somos para ser aceptados. Es un sentimiento que nos aísla y nos llena de dudas, creando una barrera invisible que nos impide alcanzar nuestras metas y sueños.

Quiero invitarte a que tomes un momento para reflexionar y revisar una lista de posibles motivos de vergüenza. Hazlo con la frente en alto, sin juzgarte ni criticarte. Observa cada punto y reconoce si alguno de ellos resuena contigo y comienza a anotar todo compra un cuaderno especial solo para todo lo que se te venga en la mente al momento que lees este libro.

¡Vergüenza de tus Padres!

La vergüenza es un sentimiento que puede surgir en cualquier momento de nuestra vida y, a menudo, no tiene nada que ver con lo que hemos hecho personalmente, sino con las personas a las que estamos conectados, como nuestros padres. Este tipo de vergüenza es especialmente dolorosa porque afecta nuestro sentido de identidad y pertenencia. Es la vergüenza que sentimos cuando nuestras figuras de autoridad, quienes deberían ser nuestros protectores y ejemplos, se ven envueltas en situaciones que nos hacen sentir vulnerables, expuestos, o incluso indignos, o simplemente por la manera en la que ellos se ven.

Jacqueline Vrba

La historia de la Mamá de Nancy

En mis tiempos de juventud, conocí a Nancy. Ella estudiaba en uno de los mejores colegios de Guatemala, era porrista y extremadamente bonita. Pero tenía un secreto: se sentía avergonzada de su casa, porque no tenían mucho dinero, y de su madre, porque tenía sobrepeso. Así me lo confesó un día cuando le pregunte por qué no te gusta presentar a su mamá. Cuando me contó las razones, quedé en shock. Es increíble cómo nuestra mente puede jugar en nuestra contra, ¿verdad? Lo peor de todo es que, muchas veces nos convertimos en eso que nos avergüenza de nuestros padres.

En el caso de Nancy, la última vez que la vi tenía un problema de sobrepeso, tal como su madre. Si no sanas tu interior, repites patrones y se los transmites a tus hijos y ellos a la siguiente generación. Teniendo en cuenta lo anterior, ¿cuál es la herencia familiar que legarás a tus hijos?

Esto lo viví en carne propia. Mi corazón había guardado tanto dolor que tontamente peleé con Dios. Le exigí: "¡dame mi libre albedrío, yo me encargo de vivir mi vida!"

Cuando reaccioné, estaba en el baño de un restaurante bar, en la zona 14 de Guatemala, viviendo una vida falsa, convirtiéndome en alcohólica. Encerrada en ese lugar, lloré como una niña por largo rato. Volví a pedirle a Dios: "Si este va a ser mi destino, ¡entonces quítame la vida!" Le rogué que tuviera misericordia de mí o que me matara.

Puedo concluir que seguir viva es un milagro. Las probabilidades no estaban a mi favor, no debería estar viva y mucho menos ser exitosa. Logré romper ciclos generacionales, y así como pude hacerlo, tú, querido lector, también puedes.

Mi vergüenza de las adicciones de mi madre

En mi caso, una de mis vergüenzas se manifestó en relación con las adicciones de mi madre y la ausencia de mi padre, Recuerdo cómo evitaba hablar de mi vida familiar con amigos o en la escuela. Me aterraba la idea de que alguien descubriera que mi madre tenía problemas con el alcohol o las drogas. Esa vergüenza no solo me aislaba de los demás, sino que también me hacía sentir responsable, como si de alguna manera yo estuviera fallando por no poder ayudarla o "arreglar" la situación.

Las adicciones de mi madre fueron un peso que llevé durante mucho tiempo. Me sentía constantemente avergonzada de ella y, por extensión, de mí misma. Esa vergüenza me llevó a evitar la visita de amigos en casa, a inventar excusas para no participar en eventos de la escuela; además, estoy segura de que, si hubiera invitado a mi mamá, limitada por su baja autoestima, ella no hubiera ido. Construí un muro emocional que me protegiera de la dolorosa verdad de mi situación. La vergüenza que sentía por las acciones de mi madre se convirtió en una carga que me impidió ver mi propio valor y mi capacidad de ser amada tal como soy. Hay muchas historias dolorosas que recuerdo de este aspecto de mi vida; te compartiré una.

Jacqueline Vrba

Nadie puede escapar de la realidad

Por algunos años trataba de refugiarme, de tener en la iglesia un escape. Cierto domingo llegué a la iglesia temprano. Vi que pasaba algo, que había algunas personas en un cuarto. Me acerqué y pude ver que tenían rodeada a mi mamá. Ella estaba gritando y llorando. En vez de entrar al cuarto y enterarme qué estaba pasando, salí de ese lugar tan rápido como pude. Sentí una mezcla de vergüenza y profunda decepción. Para entonces yo no entendía que esa no era mi vergüenza, era simplemente una situación de desesperación por la que ella estaba pasando, una crisis emocional por el abuso de alcohol o drogas; ni siquiera estoy segura, y la verdad, ya no importa. Ella pedía auxilio y nadie podía ayudarla.

Recuerda que ya completaba varios años sufriendo estos episodios con ella. Sentí tanta vergüenza que me encerré en el baño a llorar y a esperar que todo pasara. Creo que ese fue uno de los primeros momentos en que empecé a juzgar duramente a mi madre. La vergüenza que sentía a causa de sus adicciones fue una carga muy pesada sobre mis hombros, porque sus errores los había tomado como míos. Después de sufrir por años con cargas ajenas, esta fue una de las grandes lecciones que aprendí: No puedes cambiar o salvar a tus padres, a tus hermanos, a tus hijos o amigos. Nadie puede cambiarte o salvarte a ti. Es una lección dolorosa, por supuesto, pero nos enseña a ser 100% responsables de nosotros mismos y a devolverle a las demás personas su propia responsabilidad.

Hay un libro muy poderoso titulado El Plan de tu Alma. Este libro explora la idea de que las almas eligen sus desafíos de vida antes de encarnar en la Tierra, de cómo nos préstamos a jugar papeles en el crecimiento de la vida de aquellos que están cerca nuestro. Entendí como mi madre se prestó a jugar este papel en mi vida para ayudarme a convertirme en la persona que soy ahora. ¡Qué lindo cambiar la perspectiva y verlo de esta manera!, ¿verdad? Tu tarea es encontrar cómo cambias de perspectiva.

Cuando ayudar a otros empeora las cosas

Hablar de familia siempre despierta emociones fuertes en mí. Recuerdo aquella vez en la que estaba sumergida en mi trabajo, tratando de concentrarme en las tareas del día, cuando de repente sonó mi teléfono. Era mamá. Instantáneamente supe que algo no andaba bien. Siempre he sido sensible a su tono de voz, y en ese momento sonaba preocupada, angustiada.

Salí de mi oficina y contesté. Del otro lado de la línea, mamá empezó a desahogarse, hablando de los problemas que tuvo ese día entre ella, mi tía y mi abuela. Sus palabras eran un torrente de frustración y resentimiento, y mi corazón se apretaba al escucharla. ¿Cómo podía ayudarla? En ese momento me sentí atrapada en una encrucijada emocional. Mi mamá me pedía que nos fuéramos a vivir solas. Por un lado, tenía la capacidad económica para alquilar una casa para mamá y para mí, para empezar de nuevo. Pero, por otro lado, tenía miedo. Miedo de que las cosas no cambiarían, miedo de que vivir juntas solo empeoraría la situación, miedo de que mi madre nos arrastrara aún más hacia abajo con sus decisiones impulsivas, y de quedarme con un compromiso, y tal vez problemas aún más grandes, siendo yo tan joven.

Mi madre, por encima de todo, era ignorante. No carecía de inteligencia, pero no podía ver más allá de sus propias necesidades y deseos. Estaba atrapada en un ciclo de autodestrucción del que parecía incapaz de escapar, arrastrando a quienes la rodeaban en su caída.

En ese momento, mientras me enfrentaba a la realidad de mi situación familiar, me di cuenta de que la verdadera ignorancia no está en la falta de conocimiento, sino en la falta de voluntad para aprender, para crecer, para cambiar. Y aunque amaba a mi madre con todo mi corazón, también sabía que no podía permitir que su ignorancia me arrastrara hacia abajo. Tenía que tomar una decisión, por difícil y dolorosa que fuera.

Traté de calmarla, de ser la voz de la razón en medio del caos emocional. Le dije que no se preocupara, que todo iba a estar bien, aunque en realidad no tenía la menor idea de cómo solucionar aquella situación. Pero sabía que tenía que hacer algo, cualquier cosa para aliviar el peso que mamá llevaba sobre sus hombros.

Entonces, una idea cruzó mi mente. Le ofrecí dinero, algo tangible que pudiera ayudarla a distraerse, a salir de ese ambiente cargado de tensiones. Le dije que agarrara $100 y llevara a mis hermanos a comer pizza, que pasaran el día fuera de casa, lejos de los problemas. Les pedí que regresaran cuando el sol se hubiera ocultado y la tranquilidad reinara de nuevo, ya que las energías se habrían calmado. Le dije: "Todo va a pasar, no te preocupes, ¡hoy disfruta de tus hijos!"

Pero al regresar por la noche, la escena que encontré no fue la que esperaba. Mamá y mi hermano menor no estaban y mi dinero tampoco. Tenía más dinero de donde ella sacó esos $100.00, y se llevó todo, dejándome sin nada de mis ahorros. Mi corazón se hundió en un abismo de decepción y frustración. Había confiado en ella, en que seguiría mis instrucciones y haría lo correcto, pero no lo hizo. Quiero que anotes esto:

"Al final del día, la familia puede ser un ancla que nos sostiene en tiempos difíciles, pero también puede ser una carga que nos arrastra hacia el abismo".

Partió antes de ver la luz

¡La vida lanza golpes que nos pueden noquear! Quisiéramos ver a nuestros seres queridos sanos y felices, pero a veces el destino tiene otros planes para ellos. Recuerdo claramente el día en que mamá partió. Nunca habría creído que esa mañana, cuando mi madre me llamó al trabajo, sería la última vez que hablaría con ella.

Pasaron varias semanas después de que se fue aquel día llevándose mis ahorros y a mi hermano José. Era un día como cualquier otro, o al menos eso pensaba. Recibí la llamada de un familiar, informándome que mi madre estaba en el hospital; la habían atropellado. Fui tan rápido como pude al hospital. Ella estaba inconsciente; la abracé, la besé, hablé con ella, pero no obtuve respuesta.

Recuerdo a toda la familia afuera, diciendo: "Alida es fuerte, ella va a poder salir de esto". Estuvo conectada varios días a una máquina hasta que le diagnosticaron muerte cerebral y entonces, fue desconectada.

La muerte llegó de forma abrupta, sin previo aviso, arrebatándonos a mamá de manera cruel e injusta. Algunos dicen que el día que la atropellaron, ella estaba sobria, en pleno uso de sus facultades mentales. Al final, ¿de qué sirve martirizar mi mente pensando en situaciones que no puedo cambiar? El punto es que la perdí para siempre y que ya no está aquí con nosotros.

Recuerdo haber recibido la noticia como un golpe en el pecho, dejándome sin aliento. Me llamaron del hospital para informarme que ella había sufrido muerte cerebral. Estaba sin palabras. Me sentí impotente, devastada, atrapada en un torbellino de emociones abrumadoras. Luego vinieron las investigaciones y las preguntas sin respuesta.

El supuesto responsable de este trágico suceso fue llevado ante la justicia; era una persona del círculo de mi madre, alguien que también tenía problemas de alcohol. Enfrentó las consecuencias de sus acciones. Algunos testigos afirman que este individuo estaba junto a ella al borde de la carretera y la empujó en el momento en que se acercaba un vehículo, con el propósito de acabar con su vida, sin darle la oportunidad de reaccionar o al conductor de detenerse. Aunque tuve la oportunidad de testificar en el juicio, decidí no hacerlo. ¿Por qué? Porque, en realidad, no tenía respuestas. No sabía qué había pasado realmente en aquel fatídico momento. Solo sabía que mi madre ya no estaba con nosotros.

Por otro lado, conocía a mi mamá como una mujer cargada de odio y frustración, seguramente por no poder cambiar su vida. Recuerdo cómo, en numerosas ocasiones, insultó y agredió a personas frente a mí, incluso a una mujer a quien dejó con la cara marcada por una navaja. Sabía que ella también era una mujer violenta, y te repito, no sé qué pasó el día del accidente. Por eso no quise ir al juicio; preferí dejarlo todo en manos de la justicia divina.

La partida abrupta de mi Madre me mostró que la vida es un conjunto de instantes impredecibles, donde la fragilidad y la fortaleza coexisten en un delicado equilibrio. Aunque su muerte me tomó por sorpresa, en lo más profundo de mi corazón sabía que, debido a su estilo de vida, algo así podía suceder en cualquier momento.

Enfrentar la pérdida sin respuestas claras nos desafía a encontrar sentido en medio del caos, a aceptar que cada momento, por doloroso que sea, nos moldea y nos ofrece la oportunidad de crecer y comprender la verdadera profundidad de nuestra humanidad. Anota esta frase:

"La verdadera fortaleza radica en aceptar lo inexplicable y seguir adelante, abrazando la incertidumbre con el corazón abierto".

Regresando en el tiempo, me pregunto: ¿Qué habría pasado si no le hubiera dicho dónde tenía escondidos mis ahorros? ¿Tal vez aún estaría viva? Ese "quizás" nadie lo sabrá.

Una cosa es cierta: debemos permitir que cada ser viva sus propios procesos. Un ejemplo de ello nos lo da la naturaleza con el gusano de seda.

Imagina al pequeño gusano de seda, envuelto en su capullo de hilos delicados, luchando con cada movimiento para liberarse. Desde fuera, podría parecer que necesita ayuda, que con una mano amable podrías cortar esos hilos y facilitar su salida. Pero no, te equivoques, porque en esa lucha silenciosa, en ese forcejeo con lo que lo envuelve, el gusano se transforma en algo más grande, en algo capaz de volar.

Si interrumpes su esfuerzo, si cortas su camino, sus alas no se desplegarán con la fuerza necesaria, sus vuelos serán cortos y su vida frágil. Lo que parece compasión es, en realidad, una barrera para su plenitud.

Así son los procesos de otros. Aunque nos duela ver su lucha, aunque nos desespere su aparente fragilidad, debemos respetar su tiempo, su esfuerzo y su camino. Porque en la batalla personal, en el desgarro de sus propios hilos, ellos encuentran la fortaleza para desplegar sus alas.

El proceso de salir del capullo de este gusano es crucial para el desarrollo y la supervivencia de la mariposa o polilla. Aquí están las razones principales por las que no es bueno intervenir:

1. Fortalecimiento de las alas: El esfuerzo que el gusano de seda realiza para salir del capullo es esencial para fortalecer sus alas. Al luchar para romper el capullo, el insecto bombea fluidos hacia sus alas, lo que las ayuda a expandirse

y fortalecerse. Si alguien lo ayuda, sus alas pueden quedar débiles o deformes, lo que le impedirá volar.

2. Desarrollo físico: El proceso de emergencia también ayuda al insecto a completar su desarrollo físico. Durante el esfuerzo, se produce una circulación adecuada de fluidos en su cuerpo, lo que asegura que todas las partes se desarrollen correctamente. Sin este esfuerzo, el desarrollo puede ser incompleto.

3. Supervivencia en la naturaleza: La capacidad de romper el capullo por sí mismo es una prueba de la fuerza y la aptitud del insecto para sobrevivir en la naturaleza. Si no puede superar este desafío, es probable que tenga dificultades para enfrentar otros retos en su entorno.

4. Ciclo natural: El proceso de metamorfosis, incluyendo la salida del capullo, es parte de un ciclo natural que ha evolucionado durante millones de años. Intervenir en este proceso puede interferir con el equilibrio natural y con el rol del insecto en su ecosistema.

En resumen, aunque puede parecer que ayudar sea bueno debes ser sabio y respetar procesos ya que cada uno tiene la capacidad de salir de ese capullo.

La Vergüenza de una Familia No Convencional

Otra historia que ilustra este tipo de vergüenza es la de Marta, una amiga cercana que creció sintiéndose avergonzada de sus padres debido a su orientación sexual. Marta era hija de una pareja del mismo sexo en una época en la que la sociedad era menos tolerante y comprensiva. En la escuela, los compañeros de clase se burlaban de ella, le hacían preguntas incómodas, y la aislaban por tener "dos mamás".

La vergüenza que Marta sentía no provenía de una falta de amor hacia sus madres; al contrario, las amaba profundamente. Sin embargo, el juicio de los demás y el temor a no ser aceptada por sus compañeros la llevaron a ocultar aspectos de su vida que eran esenciales para su identidad. Durante años, Marta mantuvo en secreto la verdad sobre su familia, construyendo un muro entre ella y el mundo exterior.

Al igual que yo, Marta sintió que la vergüenza de sus padres era suya, y eso le impidió vivir con libertad y autenticidad. Ambos ejemplos muestran cómo la vergüenza que sentimos por nuestros padres puede ser una carga emocional que nos afecta profundamente, limitando nuestras relaciones, nuestra autoestima y nuestra capacidad de vivir una vida plena.

Reconocer y confrontar esta vergüenza es un primer paso esencial hacia la sanación. Al compartir nuestras historias, descubrimos que no estamos solos, que otros también han experimentado sentimientos similares, y que la vergüenza que sentimos no nos define.

En lugar de permitir que esta vergüenza nos controle, podemos aprender a abrazarla, a verla como parte de nuestra historia, pero no como la totalidad de quienes somos. Al hacerlo, nos empoderamos para vivir con más autenticidad, sin las cadenas del juicio de los demás, y encontramos la fuerza para amarnos a nosotros mismos y a nuestras familias, tal como son.

¿Crees que existe la familia perfecta, una familia sin pasado? Es fácil idealizar la idea de una familia sin problemas, pero la realidad es que no existe tal cosa. Todas las familias tienen historias complejas, algunas que parecen sacadas de una película de terror y otras que, con el tiempo, se vuelven casi cómicas por lo absurdas que fueron. Sin embargo, en todas las familias hay personajes o eventos de los que se ha decidido no hablar, y secretos que se mantienen ocultos para proteger a los demás o para evitar el dolor de enfrentarlos. Esos silencios, esos secretos, son parte de la dinámica familiar, y aunque a menudo se guardan en las sombras, forman una parte crucial de la historia que compartimos. Aceptar que no hay familias perfectas, y que todas tienen su propio bagaje, es parte de entender la complejidad de nuestras propias vidas.

Ahora, quiero ilustrar mi punto con una historia más cercana: la historia de terror que me contaron de mi abuelo Alex.

Recuerdo a mi abuela, gritándole a un tío: "¡Barahona tenía que ser!, ¡todos los Barahona son iguales!". También la recuerdo contando, horrorizada, cómo escapó de mi abuelo, huyendo hasta la ciudad capital con sus hijos, ya que él la golpeaba físicamente con mucha frecuencia. Ella cuenta que esa fue razón por la que se cortó el cabello, porque siempre la sometía jalando su pelo. Ella fue más allá, contando que mi abuelo había violado varias mujeres. Lo peor de todo es que lo admitía entre risas en las borracheras que celebraba con sus amigos, quienes admitían haber cometido los mismos actos, como si de cualquier cosa se tratase. Es una historia horrible, lo sé.

También recuerdo las palabras de mi madre, desmintiendo a gritos y entre lágrimas la historia de mi abuela: "Eso no es cierto, usted se inventa esas historias para hacer el papel de víctima, ocultando que lo engañaba; no hable mal de él". A pesar de sus palabras, mi madre nunca desmintió las palizas que mi abuela recibía de mi abuelo.

Quiero aclarar que esto es algo que no me consta. Es una historia muy fuerte, lo sé, pero no sé si sea verídica. Nunca supe de ninguna víctima real de mi abuelo, pero es una parte muy traumática de un supuesto secreto familiar. Estamos hablando de ello, por eso te lo comparto.

Déjame contarte otra historia personal que, aunque parece aparte, para mí se entrelaza con la supuesta historia de mi abuelo.

¡La vergüenza de mi Madre al quedar embarazada de mí!

La tarde en que mi madre quiso contarme cómo me concibió, estaba sentada junto a mí. Antes de empezar el relato, sus ojos se llenaron de lágrimas. Esto fue lo que me contó: "Conocí a su papá en una discoteca, donde departía gente de todos los estratos, ricos y pobres por igual (refiriéndose a ella misma como pobre). Recuerdo que él me invitó a bailar. Después de compartir un rato, me llevó a otro lugar, fuera de la discoteca. Allí nos besarnos, pero luego empezó a tocarme sexualmente. Yo le exigí que se detuviera, pero no lo hizo. Le dije que yo apenas era una niña, pero no escuchó mis razones. Le dije una y otra vez que no era la manera ni el momento, pero estaba muy borracho, actuando como loco y no me escuchó… y así fue como nació usted". Así terminó su historia.

Estas historias están entrelazadas. Que ironía que la hija de mi abuelo también haya sido violada. Es posible que mi abuelo no haya cometido las violaciones a mujeres de las que se le acusa, pero mi madre sí sufrió varias violaciones que la marcaron para siempre.

¿Por qué mi madre tuvo que sufrir todo esto? ¿Acaso lo que mi madre sufrió fue un karma que tuvo que pagar por la maldad de mi abuelo? ¿Sería solo un sentimiento de culpa que hizo que mi madre atrajera estás crisis a su vida? ¿O sería una manera en que la vida reclamaba justicia?

Durante muchos años sentí resentimiento hacia mi madre por no haber dejado las drogas por nosotros, sus hijos. Pero todo cambió cuando reflexioné sobre lo que ella vivió y me sentí inmensamente agradecida por su amor. La verdad es que no creo poder haber hecho lo que ella hizo para amarme, sin importar el gran dolor y la vergüenza. No creo que pudiera haber amado a un hijo fruto de ese acto.

"Gracias, madre, por todas tus caricias y tu amor, por llamarme tu nena y dar lo mejor que pudiste".

Cuando reflexiono sobre por qué escogí ayudar a mujeres, me doy cuenta de que quizás hay una fuerza más profunda en juego. Es como si una parte de mí estuviera tratando de sanar las heridas que dejaron mi padre y mi abuelo. Esos hombres, que cometieron actos viles por ignorancia o por razones que no comprendo, afectaron tanto a las mujeres que los rodeaban.

No puedo cambiar el pasado familiar ni las decisiones de mi familia, y tú tampoco puedes cambiar el tuyo. Es como cuando miras al cielo y ves que se acerca una tormenta; antes de la tormenta, había sol, pero ahora sabes que el mal tiempo se avecina. Imagina esto: estás afuera, disfrutando de un día soleado, y de repente, notas que el cielo comienza a oscurecerse. Las nubes se acumulan, el viento se levanta, y sabes que la tormenta está por llegar. En ese momento, tienes dos opciones: puedes quedarte paralizado, lamentando que el sol se haya ido, o puedes prepararte para la tormenta, sabiendo que es una parte inevitable de la vida. La tormenta puede ser intensa, puede ser aterradora, pero también es temporal. Eventualmente, el sol volverá a salir.

De la misma manera, en tu vida tal vez estás enfrentando una tormenta personal, un desafío que parece abrumador. No puedes detener la tormenta, pero puedes controlar cómo la enfrentas. Puedes elegir vivir con esperanza, con la certeza de que el sol volverá a brillar, y aprender a encontrar belleza incluso en medio de la tormenta, bailando bajo la lluvia en lugar de dejar que te hunda. Este es el poder de la actitud: no puedes cambiar el pasado ni detener la tormenta, pero puedes elegir cómo vivir el presente. Y es en esa elección donde radica tu verdadero poder.

Abraza Tu Vergüenza, Empodérate

Aunque no pude sacar a mi madre del oscuro túnel en el que se encontraba, puedo ser la luz que guíe a otras mujeres hacia la salida. Puedo ofrecerles el apoyo, la capacitación y las herramientas necesarias para que tomen el control de sus vidas y construyan un futuro mejor. Porque cada mujer a la que ayudó a encontrar su camino es una gran victoria, un paso más hacia un mundo donde el género no determine los límites de nuestras posibilidades.

Pensar en el inicio de tu vida, con ese doloroso origen, sin duda puede ser muy desalentador, Pero hay algo asombroso en cómo el tejido de nuestras vidas se entreteje, ¿no crees? Es como si Dios tomara los hilos sueltos y los convirtiera en algo hermoso, incluso cuando el comienzo es tan doloroso.

Recuerdo cuando me di cuenta por primera vez de cómo mi historia comenzó. Fue un golpe tan duro, como si el suelo se desvaneciera bajo mis pies. ¿Cómo podría alguien encontrar sentido en una situación tan trágica? Pero con el tiempo, comencé a ver destellos de luz en la oscuridad. Dios, en su infinita sabiduría y amor, transformó mi dolor en una oportunidad para sanar a otros.

Es curioso cómo la vida nos lleva por caminos inesperados, ¿verdad? Nunca habría imaginado que la historia de dolor de mi madre se convertiría en una fuente de sanación y oportunidad.

Vergüenza por tu apariencia física

Es una de las formas más comunes de vergüenza, aunque rara vez se menciona. Incluso personas que parecen tenerlo todo pueden luchar profundamente con la percepción de su propia imagen. Un ejemplo emblemático de esto es Michael Jackson. A pesar de su éxito monumental y su influencia en la música y la cultura pop, Jackson enfrentó una batalla interna con su apariencia a lo largo de su vida.

Jackson padecía de vitiligo, una enfermedad que causa la pérdida de pigmento en la piel. Aunque esta condición era real, el escrutinio público al que fue sometido alimentó rumores de que estaba "blanqueando" su piel por razones estéticas. Este constante escrutinio intensificó su lucha con la identidad y la aceptación, reflejando un conflicto que muchas personas enfrentan cuando se sienten juzgadas o rechazadas por su apariencia.

Imagina la lucha diaria de alguien que no solo enfrenta críticas externas, sino que también batalla con su propia voz interior, cuestionando su valor y belleza. Para Jackson, cada vez que se miraba al espejo, se enfrentaba a su peor crítico: él mismo. A pesar de su talento indiscutible, la vergüenza que sentía por su apariencia física lo llevó a someterse a múltiples cirugías estéticas y a un cambio radical en su imagen, buscando la paz consigo mismo.

Este ejemplo muestra cómo la vergüenza puede limitar a las personas, no solo en su capacidad para mostrarse al mundo tal como son, sino también en su habilidad para aceptarse y amarse. La vergüenza puede llevar a la autoalienación, a evitar situaciones sociales, y a construir barreras internas que impiden el crecimiento personal y la conexión auténtica con los demás.

La historia de Jackson nos recuerda que incluso aquellos que parecen tenerlo todo pueden estar luchando con su propia vergüenza. Es un llamado a la compasión, no solo hacia los demás, sino hacia uno mismo. Al abrazar nuestra vergüenza y aprender a amarnos tal como somos, abrimos la puerta a un empoderamiento genuino que nos permite vivir con más libertad y autenticidad, liberándonos de las cadenas del juicio externo e interno.

La apariencia física, como cicatrices o marcas de nacimiento, también puede ser motivo de vergüenza. Las personas pueden sentir la necesidad de ocultar estas características, creyendo erróneamente que deben ser perfectas para ser aceptadas. Imagina un mundo donde todos fuéramos iguales: aprender a amar nuestra propia belleza, con nuestras diferencias, es esencial. Cada uno de nosotros es único, como los árboles en un bosque, cada uno con su propia historia.

Déjame compartirte una historia personal. La nariz puede ser una fuente de inseguridad para muchos, y en mi caso, la mía es una herencia familiar. Recuerdo que mi madre solía burlarse de la nariz de su hermana, mi tía. Un día, en un momento de frustración, dijo: "Dios me castigó dándome una hija con la horrible nariz de mi hermana".

Esa frase quedó grabada en mi mente, resonando cada vez que me miraba en el espejo. Sentí vergüenza de mi nariz, de esa parte de mí que no podía cambiar. La vergüenza nos hace vernos a través de un lente distorsionado, convirtiendo detalles que son parte de nuestra identidad en defectos monstruosos. A pesar de haber considerado operarme la nariz, nunca lo hice. Al final, aprendí a quererla, a verla como una parte esencial de mí.

Las afirmaciones me han ayudado mucho a superar estos traumas. Me repito a mí misma: "Me veo con los ojos de Dios y ojos de amor". ¡Soy bella y perfecta tal y como soy!

La vergüenza ajena (Crueldad en las palabras)

Cuando pensamos en la vergüenza, debemos entender su poder para limitarnos. Nos cierra puertas, nos roba oportunidades, y nos hace vivir en una prisión invisible. Afecta cómo nos vemos a nosotros mismos y cómo interactuamos con el mundo.

Una vez, mi hija llegó llorando de la escuela. La abracé y le pregunté qué le pasaba. Entre sollozos, me dijo: "Estoy triste porque unas niñas me dijeron que era la más bonita del mundo, al revés". Al principio, no lo entendí. ¿Cómo podía estar triste por un halago tan lindo? Pero luego, con lágrimas en los ojos, me explicó: "Me lo dijeron en tono de burla, como una ironía. Querían decir que soy la más fea de la clase".

Mi corazón se rompió en ese momento. No solo porque alguien había lastimado a mi pequeña, sino porque me di cuenta de lo cruel que puede ser el mundo con nuestras almas inocentes. Respiré hondo, tratando de calmarme para poder darle el consuelo y la sabiduría que necesitaba.

La miré a los ojos y le pregunté con suavidad: "¿Qué quieres ser cuando seas grande?". Ella, aún secándose las lágrimas, me respondió con una pequeña lista de sueños: "Quiero ser doctora, o tal vez una artista. Quiero ayudar a las personas y también quiero pintar cosas hermosas".

¿Lo ves? No tienes de qué preocuparte, porque no quieres ser la más bonita, ¿correcto?

Sonreí y le dije: "Mi amor, eso es lo que realmente importa. No te preocupes por ser la más bonita. La belleza exterior es solo una pequeña parte de lo que eres. Lo que te hará alcanzar tus sueños y ser feliz no es cómo te ves, sino quién eres y lo que llevas dentro de tu corazón y tu mente". La belleza está en los ojos de quien observa.

Hice una pausa para que mis palabras penetraran en su mente de siete años de edad; luego, continué: "La verdadera belleza, la que realmente importa, es la que viene de tu bondad, tu inteligencia, tu pasión y tu fuerza interior. Es tu mente y tu corazón lo que determinará tu camino en la vida, no la forma de tu rostro o tu cuerpo, y en cómo te ven las personas que realmente te aman".

La abracé con fuerza, sintiendo que mis propias lágrimas querían salir. "Las palabras de esas niñas no definen quién eres. Tú eres increíble, con una mente brillante y un corazón enorme. Sigue siendo tú misma, sigue persiguiendo tus sueños, y recuerda siempre que la belleza real se ve con el corazón".

Quería que entendiera que las palabras crueles no pueden apagar su luz interior, que su valor no se mide por los estándares superficiales de la sociedad. Le conté historias de personas que habían cambiado el mundo no por su apariencia, sino por su carácter y sus acciones. Le hablé de mujeres fuertes y valientes que habían enfrentado adversidades y habían triunfado, no por cómo se veían, sino por lo que llevaban dentro.

Le dije que la confianza en sí misma era su mejor aliada y que siempre debía recordar su valor, incluso cuando otros intentan hacerte sentir menos.

"Nunca permitas que las palabras de otros definan quién eres o lo que puedes lograr", le dije. "Tú tienes el poder de escribir tu propia historia, y esa historia será hermosa porque será tuya".

La vi calmarse poco a poco, y supe que estaba entendiendo. No se trataba solo de consolarla en ese momento, sino de darle una herramienta que la acompañara toda su vida. Quería que creciera sabiendo que su valor no depende de la opinión de los demás, sino de su propia percepción de sí misma y de su capacidad para amar y ser amada.

Vergüenza por tu país de procedencia o linaje cultural

La procedencia, o lugar de origen, puede ser otra fuente de vergüenza. Las personas que migran a nuevas ciudades o países pueden enfrentar prejuicios y estereotipos que les hacen sentir que no son bienvenidos.

Déjame contarte una historia personal. Soy de Guatemala, y una vez alguien me dijo: "No creo que seas de allá, porque los que son de ese país son feos". En ese momento me reí, pero me pongo a pensar en cómo las personas nos juzgan dependiendo de nuestro lugar de origen. Por ejemplo, reflexiono sobre cómo a los colombianos a menudo se les etiqueta como narcotraficantes.

Recuerdo que, cuando obtuve mi primera visa y tuve la oportunidad de ir a Colombia, una amiga me dijo que ni lo intentara, porque cada vez que regresara a Estados Unidos me someterían a revisión. Te cuento este ejemplo para que analices cómo somos juzgados por nuestro lugar de origen o por los lugares que visitamos. Ahora te dejo otra historia: la historia de mi hija.

¡Yo no vivo en los Árboles!

En alguna oportunidad, mi hija llegó a casa enojada y con los ojos llenos de lágrimas. "Mamá, me dijeron que la gente en Guatemala vive en los árboles", exclamó con indignación. La abracé y traté de calmarla, pero podía sentir su frustración y tristeza.

Había estado hablando con algunos niños en un parque de diversiones en USA, y los niños tenían ideas muy erradas. Pensaban que, en Guatemala, el atraso en la vida económica y social era tan grande que la gente vivía en la jungla, en casas improvisadas en los árboles. Esta visión, tan lejana de la realidad, había herido su orgullo y su identidad.

"Mamá, ¿por qué piensan eso? ¿Por qué creen que estamos tan atrasados?", preguntó, buscando respuestas y consuelo. Sentí un nudo en la garganta al ver su confusión y enojo. Me dolía que tuviera que enfrentar prejuicios tan injustos y desinformados.

Le pedí que se sentara conmigo, y mientras acariciaba su cabello, le dije: "Mi amor, hay muchas personas en el mundo que no conocen la verdadera riqueza de nuestra cultura, nuestra historia y nuestra gente. Es triste, pero a veces, las personas juzgan sin saber, basándose en estereotipos y desinformación".

Le expliqué que Guatemala es un país con una historia profunda y una cultura vibrante. Le hablé de nuestras majestuosas ruinas mayas, de los coloridos mercados llenos de artesanías y de la calidez de nuestra gente. Le recordé las tradiciones que tanto nos enorgullecen, como el Día de los Muertos, donde decoramos con flores y velas las tumbas de nuestros seres queridos, y el significado de los tejidos típicos que las abuelas hacen con tanto amor.

"Recuerda el sonido de las marimbas en las fiestas, y cómo la gente se une en comunidad para celebrar y apoyarse mutuamente", le dije. "Nuestra tierra es rica no solo en recursos naturales, sino en amor, en historia y en fortaleza. Y es esa riqueza la que nos define, no los prejuicios ignorantes de algunos".

Le expliqué que la ignorancia a veces lleva a la gente a hacer comentarios hirientes. Pero también le recordé que tenemos la oportunidad de educar y cambiar esas percepciones. Le sugerí que, la próxima vez que alguien dijera algo así, le preguntara si conocía Guatemala, y que lo invitara a conocer diferentes partes de nuestro país para que pueda conocer acerca de su diversidad y belleza.

Un joven llamado Juan, quien también fue John

Un artista conocido en la comunidad, a quien llamaremos Juan, pintó un cuadro precioso que aún adorna una de las paredes más visibles de nuestro hermoso Instituto. Es una pieza llena de vida y color que refleja el gran talento de Juan. Un día, mientras contemplábamos juntos la obra, Juan me dijo con una sonrisa llena de orgullo: "Me alegra lo que haces aquí en Fridars Institute. Nos haces sentir orgullosos de ser latinos". Sus palabras me llenaron, pero también me hicieron reflexionar profundamente sobre su significado.

Ese día, Juan compartió conmigo una parte de su historia que me conmovió. En su secundaria, Juan se hacía llamar John en lugar de Juan. Me confesó que se había sentido inseguro de sus raíces. A pesar de haber nacido en los Estados Unidos, la presión de encajar y la vergüenza de ser juzgado, como se juzga a los latinos en EE. UU., lo habían llevado a esconder una parte fundamental de su identidad.

Imagínate a este joven llamado Juan, sentado en una clase llena de compañeros, sintiendo que su nombre lo delataba, que era un recordatorio constante de su origen. Cada vez que el profesor pasaba lista, Juan tensaba los hombros, esperando que nadie notara el cambio en su nombre, que nadie preguntara por qué John en lugar de Juan.

La vergüenza que Juan sentía era una carga pesada, una que muchos de nosotros conocemos bien. La vergüenza puede ser un monstruo silencioso que susurra en nuestro oído, diciéndonos que no somos lo suficientemente buenos, que nuestras raíces, nuestra cultura, nuestra identidad, son algo de lo que debemos huir. Puede llevarnos a hacer cosas como cambiar nuestro nombre, ocultar nuestro acento, o incluso negar las cosas que nos hacen únicos.

Vergüenza por cómo te vistes

Ropa Fuera de Lugar o Inapropiada: Una de las vergüenzas más comunes es usar ropa que se considera inapropiada para una ocasión o un entorno específico. Por ejemplo, presentarse en un evento formal con ropa demasiado casual o viceversa puede causar vergüenza, ya que la persona puede sentir que no encaja o que se destaca de manera negativa.

Ropa anticuada o Pasada de Moda: Usar ropa que se percibe como fuera de moda o anticuada puede ser una fuente de vergüenza, especialmente en entornos donde la apariencia y las tendencias son altamente valoradas. Las personas pueden sentirse inseguras o avergonzadas si creen que su vestimenta no cumple con las expectativas de estilo actual.

Ropa Dañada o Desgastada: Vestir ropa que está dañada, manchada o desgastada puede hacer que una persona se sienta avergonzada, ya que puede ser interpretado como un signo de descuido, falta de recursos o falta de cuidado personal. Esto es especialmente difícil en situaciones donde la apariencia personal es importante.

Cómo Juzga la Sociedad Según la Vestimenta:

Primera impresión: La sociedad a menudo forma una primera impresión basada en la vestimenta. La ropa se utiliza como una forma rápida de evaluar el estatus social, el nivel educativo, la profesión e incluso el carácter de una persona. Por ejemplo, alguien que viste de manera elegante puede ser percibido como exitoso o profesional, mientras que alguien con ropa descuidada puede ser juzgado como desorganizado o irresponsable.

Clasismo: La vestimenta también puede ser un indicador de estatus económico. En muchas sociedades, la ropa de marca o de alta costura se asocia con la riqueza y el éxito, mientras que la ropa barata o de segunda mano puede ser vista como un signo de pobreza. Esto puede llevar a que las personas sean juzgadas injustamente basándose en su capacidad para comprar ropa costosa.

Conformidad vs. Individualidad: La sociedad también juzga a las personas según su conformidad con las normas de vestimenta. Vestirse de manera tradicional o conforme a las expectativas puede ser visto como un signo de respeto y adaptación social, mientras que la ropa que desafía las normas puede ser vista como una señal de rebeldía, individualidad o incluso una falta de respeto por las convenciones sociales.

Estereotipos de Género: La vestimenta es a menudo utilizada para reforzar los estereotipos de género. Las mujeres que se visten de manera "masculina" o los hombres que usan ropa considerada "femenina" pueden enfrentar críticas y juicios basados en la desviación de las normas de género tradicionales. Esto puede llevar a la vergüenza y a la presión para conformarse con las expectativas de género.

Juicios Morales: La ropa también puede ser juzgada en función de la moralidad percibida. Por ejemplo, en algunas culturas, vestirse de manera reveladora puede ser interpretado como inmoral o inadecuado, mientras que la vestimenta conservadora puede ser vista como un signo de modestia y respeto. Estos juicios morales pueden afectar la manera en que una persona es tratada por los demás.

Profesionalismo: En entornos laborales, la vestimenta se asocia con el profesionalismo. La ropa adecuada para el trabajo puede ser un indicador de competencia y seriedad, mientras que la ropa informal o inapropiada puede ser vista como una falta de profesionalismo y compromiso con el trabajo.

Identidad Cultural y Social: En algunas sociedades, la vestimenta puede ser un marcador de identidad cultural o social. Las personas pueden ser juzgadas por no vestirse de acuerdo con las normas culturales de su comunidad o por adoptar estilos que se consideran "ajenos" a su grupo de pertenencia.

La ropa es una herramienta poderosa de expresión personal, pero también es un área donde la vergüenza y el juicio social pueden manifestarse de manera significativa. Las normas de vestimenta varían según la cultura, la situación y el entorno, y las personas a menudo sienten la presión de ajustarse a estas expectativas. Superar la vergüenza relacionada con la ropa implica, en gran medida, aceptar la individualidad y encontrar un equilibrio entre la expresión personal y las normas sociales.

Vergüenza por Estar Soltero:

Presión Social: En muchas sociedades, existe una presión cultural fuerte para estar en una relación estable o casarse, especialmente a cierta edad. Las personas solteras pueden sentir que no están cumpliendo con las expectativas sociales, lo que genera una sensación de fracaso o inadecuación.

Estereotipos Negativos: Ser soltero a menudo viene acompañado de estereotipos negativos. Por ejemplo, a las personas solteras se les puede considerar "solitarias," "difíciles de tratar," o "incapaces de encontrar pareja." Estos estereotipos pueden hacer que alguien se sienta avergonzado de su estado civil, incluso si están contentos con su vida.

Comparaciones con Otros: La comparación constante con amigos, familiares o compañeros que están en relaciones puede intensificar la vergüenza. Ver a otros casarse, tener hijos o estar en relaciones aparentemente felices puede llevar a las personas solteras a cuestionar su propio valor y sentir que les falta algo importante en la vida.

Expectativas Familiares: Las expectativas familiares pueden ser una fuente significativa de vergüenza. En algunas culturas, los padres y familiares ejercen presión directa para que una persona se case, lo que puede hacer que la soltería se sienta como un fallo personal o una decepción hacia la familia.

Miedo al Juicio Social: Las personas solteras a menudo temen ser juzgadas por su estado civil, especialmente si han estado solteras por un tiempo prolongado o si han experimentado rupturas dolorosas. Este temor al juicio social puede generar vergüenza y hacer que se sientan incómodas al hablar de su vida personal.

Normas de Género: Las normas de género pueden influir en cómo se percibe la soltería. Por ejemplo, en algunas sociedades, las mujeres solteras pueden ser vistas como "dejadas de lado" o "quedadas," mientras que los hombres solteros pueden enfrentar presión para demostrar su virilidad a través de relaciones. Estos estereotipos de género pueden intensificar la vergüenza por estar soltero.

Temor al Futuro: El miedo a estar solo en el futuro puede contribuir a la vergüenza. Las personas pueden preocuparse por la posibilidad de no encontrar pareja nunca, lo que puede llevar a una sensación de desesperanza y vergüenza por su estado actual.

Cómo la Sociedad Juzga la Soltería:

Éxito Relacional como Medida de Valor: En muchas culturas, estar en una relación se asocia con el éxito personal. Las personas en relaciones estables pueden ser vistas como más maduras, responsables o emocionalmente equilibradas. Por el contrario, la soltería puede interpretarse como un signo de inmadurez o inestabilidad emocional.

Presión para Casarse y Formar una Familia: El matrimonio y la formación de una familia son valores centrales en muchas sociedades. Las personas solteras pueden ser vistas como "incompletas" o "menos exitosas" porque no han alcanzado este objetivo. Esta presión puede ser especialmente fuerte en ciertos grupos religiosos o culturales donde el matrimonio es altamente valorado.

Eventos Sociales: La soltería puede ser juzgada en eventos sociales, como bodas, reuniones familiares o festividades, donde las parejas son celebradas y las personas solteras pueden sentirse excluidas o destacadas por su estado civil. A menudo, las preguntas como "¿cuándo te casarás?" o "¿todavía estás soltero/a?", pueden hacer que la persona se sienta incómoda y juzgada.

Medios de Comunicación: Los medios de comunicación a menudo refuerzan la idea de que estar en una relación es el estado ideal. Las películas, programas de televisión y redes sociales suelen centrarse en historias de amor, lo que puede hacer que la soltería se vea como algo no deseable o transitorio, en lugar de una opción de vida válida.

Diferentes Expectativas Según la Edad: La sociedad tiende a juzgar la soltería de manera diferente según la edad. Mientras que estar soltero en la juventud puede ser visto como normal o incluso deseable, a medida que las personas envejecen, la soltería a menudo se juzga más negativamente, especialmente en torno a los 30 o 40 años, cuando se espera que la mayoría de las personas estén casadas o en relaciones serias.

Falsas Ideas sobre la Felicidad: Existe una idea errónea común de que las personas solteras no pueden ser tan felices o satisfechas como las personas en relaciones. Esto lleva a que la sociedad subestime la soltería y presione a las personas a encontrar pareja, reforzando la vergüenza por estar soltero.

La vergüenza por estar soltero proviene en gran parte de las expectativas sociales y los estereotipos que se asocian con el estado civil. Sin embargo, con el enfoque adecuado y el apoyo correcto, es posible superar esta vergüenza y vivir una vida plena y satisfactoria, independientemente de si se está en una relación o no.

Vergüenza por no hablar un segundo idioma o por no hablarlo bien

El nivel de competencia en un segundo idioma puede ser una fuente de vergüenza para muchas personas. En un mundo cada vez más globalizado, hablar más de un idioma se ha convertido en una habilidad valiosa y, en algunos contextos, una expectativa social. Aquellos que no dominan un segundo idioma o que luchan por hablarlo bien a menudo experimentan inseguridad, miedo al ridículo y una sensación de inferioridad.

La presión social y cultural juega un papel importante en esta vergüenza. En muchos entornos, el bilingüismo o multilingüismo se considera un signo de éxito y educación, lo que puede hacer que quienes no tienen esa habilidad se sientan menos capaces o competentes. Además, el temor al juicio o al ridículo por cometer errores lingüísticos puede llevar a las personas a evitar situaciones en las que tendrían que usar el idioma, reforzando su inseguridad.

Un ejemplo poderoso de cómo alguien transformó esta vergüenza en una fortaleza es la historia de Sofía Vergara. Cuando llegó a Hollywood desde Colombia, Sofía no hablaba inglés con fluidez y su fuerte acento fue inicialmente una fuente de inseguridad y vergüenza. En la industria del entretenimiento, donde la competencia es feroz y las expectativas son altas, Sofía podría haber visto su dificultad con el inglés como una barrera insuperable.

Sin embargo, en lugar de dejar que esa vergüenza la detuviera, Sofía Vergara convirtió su acento y su identidad latina en una ventaja única. Su distintivo acento se convirtió en una marca registrada que la hizo destacar en Hollywood. Lejos de tratar de ocultarlo, lo abrazó y lo incorporó en su trabajo, especialmente en su icónico papel como Gloria Delgado-Pritchett en la serie de televisión Modern Family.

Este papel no solo la convirtió en una estrella internacional, sino que también le permitió ganar millones de dólares. Durante varios años, Sofía fue la actriz mejor pagada de la televisión estadounidense, en gran parte gracias a su habilidad para transformar lo que inicialmente era una fuente de vergüenza en una de sus mayores fortalezas.

La historia de Sofía Vergara nos enseña que lo que puede comenzar como una vergüenza por no hablar bien un segundo idioma puede convertirse en una poderosa herramienta de éxito si se aborda con la actitud correcta. En lugar de dejar que el miedo o la inseguridad la detuvieran, Sofía convirtió su diferencia en una ventaja competitiva, demostrando que la autenticidad y la aceptación de uno mismo pueden ser claves para el éxito.

Al igual que Sofía, es posible superar la vergüenza asociada con no dominar un segundo idioma o con no hablarlo perfectamente. La clave está en reconocer que cometer errores es una parte natural del aprendizaje y en ver nuestras diferencias como algo que nos hace únicos y valiosos. Abrazar nuestra identidad, incluso cuando nos sentimos inseguros, puede abrir puertas y oportunidades que nunca habríamos imaginado.

En resumen, la vergüenza por no hablar un segundo idioma o por no hablarlo bien es una experiencia común, pero no tiene que ser una barrera. Como lo demuestra Sofía Vergara, con la actitud correcta y la disposición para aceptar nuestras diferencias, podemos transformar esa vergüenza en una fuente de éxito y orgullo.

Vergüenza por ser Exitoso

Aunque parezca sin lógica es una realidad, las personas pueden experimentar vergüenza por su éxito debido a una variedad de razones emocionales y sociales. Aquí te explico algunas de las causas más comunes:

Culpa por Superar a los Demás: Algunas personas pueden sentirse culpables por haber alcanzado el éxito mientras otras, especialmente amigos o familiares cercanos, no han tenido la misma suerte. Esta culpa puede llevar a la vergüenza, ya que pueden sentir que no merecen su éxito o que de alguna manera están traicionando a sus seres queridos al tener más éxito que ellos.

Síndrome del Impostor: El síndrome del impostor es una condición en la que las personas exitosas sienten que no merecen su éxito y temen ser "descubiertas" como un fraude. Esta sensación de no ser dignos de su éxito puede causar una profunda vergüenza, ya que sienten que están engañando a los demás sobre su verdadera capacidad.

Presión Social y Expectativas: El éxito a menudo viene acompañado de altas expectativas, tanto personales como externas. Las personas pueden sentirse avergonzadas si creen que no podrán mantener su nivel de éxito o si temen no cumplir con las expectativas de los demás. Esto puede generar ansiedad y vergüenza sobre su posición.

Críticas y Envidia: El éxito puede atraer envidia y críticas de otras personas, lo que puede hacer que alguien se sienta avergonzado de su éxito. Si una persona es criticada o vista de manera negativa por su éxito, puede comenzar a asociarlo con algo negativo en lugar de positivo, lo que provoca sentimientos de vergüenza.

Desconexión de sus raíces: Para algunas personas, el éxito puede hacer que se sienten desconectadas de sus raíces o de su comunidad. Esto puede ser especialmente difícil para aquellos que provienen de entornos humildes o de comunidades que no han tenido las mismas oportunidades. La idea de "abandonar" a sus raíces puede generar vergüenza.

Miedo a Perder su Humanidad: El éxito a veces se asocia con la pérdida de la humildad o con la idea de que una persona se vuelve más egoísta o desconectada emocionalmente. Las personas pueden sentir vergüenza si temen que su éxito les haga perder cualidades humanas valiosas, como la empatía o la compasión.

Cambio en la Dinámica de las Relaciones: El éxito puede cambiar la dinámica de las relaciones personales y profesionales. Algunas personas pueden sentirse incómodas o avergonzadas cuando sus relaciones cambian debido a su éxito, especialmente si sienten que los demás las tratan de manera diferente o que están siendo juzgadas por su éxito.

Expectativas Culturales: En algunas culturas o familias, destacar demasiado o ser muy exitoso puede ser visto negativamente, ya que se espera que las personas sean humildes y no llamen demasiado la atención. Esto puede llevar a que alguien se sienta avergonzado de su éxito si percibe que está violando estas normas culturales o familiares.

Temor al Fracaso Futuro: Para algunas personas, el éxito puede generar un temor al fracaso en el futuro. La idea de que una caída desde un lugar alto podría ser más dolorosa puede hacer que se sientan avergonzadas de su éxito, prefiriendo no destacar para no correr el riesgo de perderlo todo.

En resumen, la vergüenza por el éxito es un fenómeno complejo que puede estar relacionado con la culpa, el miedo, la presión social y la percepción de uno mismo. Aunque el éxito suele ser visto como algo positivo, las emociones humanas y las dinámicas sociales pueden hacer que algunas personas lo experimenten de una manera más conflictiva.

Vergüenza por tu nivel de preparación o estudios

El nivel de estudios también puede ser una fuente de vergüenza. Aquellos que no tuvieron la oportunidad de continuar su educación pueden sentirse menos valorados o escuchados, dudando de su capacidad para contribuir y tener éxito.

La falta de educación puede ser un motivo de vergüenza por varias razones, profundamente enraizadas en las percepciones sociales y personales. En muchas sociedades, la educación se asocia con el éxito, el conocimiento y la capacidad de contribuir de manera efectiva al bienestar personal y comunitario. Cuando una persona carece de educación, puede sentirse avergonzada debido a las expectativas sociales de que todos deben alcanzar cierto nivel de instrucción para ser considerados respetables o competentes.

Además, la falta de educación puede limitar las oportunidades laborales y sociales, generando sentimientos de inferioridad o inseguridad. Las personas pueden sentirse marginadas o menospreciadas en entornos donde se valora el conocimiento académico o técnico. Este sentimiento de exclusión puede intensificarse si la persona percibe que su falta de educación la coloca en una posición de desventaja frente a los demás.

Déjame compartirte una historia personal donde sentí mucha vergüenza relacionada con mi nivel de preparación.

Mi hija mayor ganó una beca para estudiar en uno de los mejores colegios de Guatemala, el Colegio Americano. En este colegio, las reuniones de padres se llevaban a cabo en inglés. Aunque tuve la bendición de poder pagarle un tutor de inglés a mi hija para que no se sintiera perdida, yo sí me sentía completamente perdida en esas reuniones.

Recuerdo una ocasión en particular. Estaba en una de esas reuniones y, de repente, todos los padres levantaron la mano. No tenía idea de qué estaban hablando. En mi mente gritaba: "¿Levantó la mano o no la levantó? ¿De qué están hablando?". Con mucha vergüenza y sin saber qué hacer, cedí a la presión del grupo y me convertí en un "borrego" que simplemente levantó la mano junto con los demás, sin tener idea de qué estaban diciendo. Recuerdo que pensé: "¿Y si estaban preguntado algo tan absurdo como 'Levanten la mano los idiotas'?". Parece un chiste, ¡pero me pasó!

Ese día tomé una decisión. No seguiría siendo la persona que no podía entender o participar porque sus padres no le pagaron clases de inglés. Me inscribí en una escuela de idiomas ese mismo día, y fue una de las mejores decisiones que he tomado. Aprender inglés no solo me permitió comprender lo que decían en las reuniones escolares de mi hija, sino que también tuvo un impacto profundo en mi vida personal. Mi esposo no habla nada de español, y sin esas clases, probablemente no estaríamos juntos hoy.

Este es un ejemplo de cómo la vergüenza puede ser tu mejor aliada si tomas acción y cambiar esa realidad. Lo que inicialmente fue una fuente de incomodidad y humillación se convirtió en una oportunidad para crecer y mejorar mi vida en muchos aspectos.

Por último, es importante reconocer que la falta de educación puede hacer que las personas se sientan incapaces de participar en conversaciones o actividades que requieren cierto nivel de conocimiento, lo que puede aumentar la vergüenza y la sensación de aislamiento. Sin embargo, al tomar medidas para mejorar y aprender, es posible transformar esa vergüenza en una poderosa motivación para el cambio.

La ética y la preparación siempre pagan bien.

Recuerdo una experiencia crucial en mi vida cuando me presenté para una entrevista y pruebas de selección en una empresa muy poderosa de mi país.

El día de la entrevista laboral nos hicieron varios exámenes, y allí estaba yo, sentada en esa mesa, compitiendo por un trabajo con ingenieros y arquitectos con años de experiencia, mientras que yo apenas había completado mis estudios básicos y nunca había asistido a la universidad, excepto para ir a bailar una vez, hasta encima de una mesa. (Lo último fue para que te rieras un poco). Sigamos.

Sin empezar la evaluación ya me sentía derrotada; ni siquiera terminé de llenar el último examen, pero, para mi sorpresa, unas semanas después me habían dado el puesto. Superé a candidatos con credenciales impresionantes; aun no lo creía.

Tan pronto tuve la oportunidad, le pregunté al ingeniero, mi jefe, por qué me habían elegido. Su respuesta fue clara: por mi comunicación sincera, mis exámenes más destacados en computación y mis resultados en moral y ética.

Para seguir con esta parte de la historia, debo regresar aproximadamente 10 años antes de obtener ese trabajo, cuando no conseguía empleo y alguien me aconsejó que estudiara computación, ya que tendría mejores oportunidades. Recuerdo que en ese tiempo no tenía carro y vivíamos en un pequeño pueblo, Amatitlán, a 2 horas de la ciudad en bus. Estudié computación en el Intecap durante 6 meses, de lunes a viernes. Me iba en un bus extraurbano, un transporte abarrotado donde el conductor gritaba que en los asientos de dos caben tres y que nos corriéramos porque atrás estaba vacío. Te ibas como sardina, bien apretado. Después de ese bus, tomaba un segundo bus durante 30 o 40 minutos para llegar a la ciudad y luego a la escuela. El viaje en buses tomaba todo el día, pero fue una de las mejores inversiones de tiempo de mi vida. Si no hubiera tomado esas clases de computación, no habría obtenido ese trabajo ni superado a candidatos con credenciales impresionantes.

Gracias a esta oportunidad laboral, se me abrieron muchas puertas. Esas clases en el Intecap transformaron mi vida, llevándome a nuevas oportunidades en un país que me enseñó mucho sobre mí misma y sobre la vida en general. Todo comenzó con una pequeña decisión: inscribirse y terminar ese curso de computación. Este simple paso fue clave para mi éxito, mostrándome que el aprendizaje continuo es esencial para aprovechar las oportunidades que se presentan.

No subestimes las pequeñas decisiones y oportunidades. El aprendizaje constante puede abrir puertas hacia un futuro lleno de posibilidades.

Vergüenza por la Salud

La salud, o la falta de ella, puede ser una fuente profunda de vergüenza. Las enfermedades crónicas, las condiciones visibles o incluso los problemas de salud mental pueden hacer que las personas se sientan diferentes, aisladas o juzgadas. Esta vergüenza a menudo surge de las expectativas sociales de que debemos estar en perfectas condiciones físicas y mentales, lo que puede llevar a sentimientos de culpa o insuficiencia cuando no cumplimos con esos estándares.

Jacqueline Vrba

Vergüenza por la salud de tus hijos

Imagina a una madre que se enfrenta a una de las pruebas más difíciles de su vida: su hijo pequeño ha sido diagnosticado con epilepsia. Desde el momento del diagnóstico, comienza a sentirse abrumada por una mezcla de miedo y vergüenza. ¿Cómo es posible que su hijo, tan lleno de vida, tenga que vivir con una condición que no solo lo pone en riesgo, sino que también es tan visible para los demás?

Las crisis epilépticas de su hijo se convirtieron en una fuente de angustia constante. En público, cada episodio desencadenaba una ola de miradas curiosas y murmullos incómodos. La madre, que ya estaba lidiando con la difícil tarea de cuidar a su hijo, comenzó a sentir vergüenza por algo que estaba completamente fuera de su control. Le preocupaba que las personas pensaran que no estaba cuidando adecuadamente a su hijo, o que, de alguna manera, la epilepsia de su hijo reflejaba mal en ella como madre.

A pesar de estos sentimientos, esta madre decidió enfrentar la vergüenza y la culpa. En lugar de esconderse, buscó apoyo en grupos de padres que también estaban enfrentando la epilepsia. Descubrió que hablar abiertamente sobre la condición de su hijo no solo la ayudaba a aliviar su carga emocional, sino que también educaba a los demás. Con el tiempo, dejó de ver la epilepsia como una fuente de vergüenza y comenzó a verla como una oportunidad para fortalecer su resiliencia y la de su hijo.

Vergüenza por la Salud Mental

Otro ejemplo de vergüenza relacionada con la salud es el caso de una mujer llamada Claire, quien sufría de depresión y ansiedad. Durante años, Claire se sintió avergonzada por su salud mental, en parte porque creció en un entorno donde estos temas no se discutían abiertamente. La presión para parecer siempre fuerte y feliz en público la llevó a ocultar sus luchas internas. Se sentía como si hubiera fallado en mantener el control de su vida, y temía ser juzgada como débil o inadecuada si alguien descubre la verdad.

La vergüenza de Claire la llevó a evitar buscar ayuda durante mucho tiempo. Sentía que admitir su situación sería una derrota personal. Sin embargo, su salud mental continuó deteriorándose hasta que un día se dio cuenta de que no podía continuar así. Finalmente, decidió buscar terapia, lo que marcó el comienzo de su camino hacia la recuperación.

Aunque al principio se sintió incómoda al hablar de su depresión y ansiedad, Claire descubrió que compartir su experiencia con personas de confianza era liberador. Al hacerlo, rompió el ciclo de vergüenza y se dio cuenta de que su salud mental no era algo de lo que avergonzarse, sino una parte de su vida que merecía atención y cuidado. Hoy en día, Claire es una defensora de la salud mental y usa su experiencia para ayudar a otros a superar la vergüenza que ella una vez sintió.

Reflexión

La vergüenza relacionada con la salud, ya sea física o mental, es una lucha común que muchas personas enfrentan. Sin embargo, al abordar estas situaciones con valentía y buscar apoyo, es posible transformar esa vergüenza en una fuente de fortaleza. Estas historias nos recuerdan que nuestras luchas de salud no nos definen y que, al enfrentar la vergüenza, podemos encontrar oportunidades para crecer y ayudar a otros en el proceso.

Vergüenza por tus Creencias Espirituales

La religión, que debería ser una fuente de fortaleza y guía, puede convertirse en motivo de vergüenza cuando no es comprendida o respetada por los demás. Las personas pueden sentirse avergonzadas por sus creencias espirituales cuando enfrentan burlas, discriminación o incomprensión, especialmente si sus prácticas religiosas son vistas como diferentes o extrañas por su entorno.

Malala Yousafzai, una joven musulmana, enfrentó vergüenza y peligro por su activismo a favor de la educación de las niñas en Pakistán. Aunque la religión es una parte importante de su vida, fue atacada por extremistas que la consideraban una amenaza a sus creencias. A pesar de la vergüenza, el miedo, y de que casi pierde su propia vida Malala utilizó su experiencia para fortalecer su fe y convertirse en una defensora global de la educación y los derechos humanos.

Richard Gere, un actor budista, enfrentó vergüenza en Hollywood por su activismo en favor del Tíbet y su fe budista. Aunque muchos lo criticaron y consideraron que su espiritualidad no encajaba en la industria, Gere persistió y utilizó su plataforma para promover la paz y la compasión, superando la vergüenza y mostrando la importancia de ser fiel a sus creencias.

Vergüenza por Tus Hábitos Personales

Los hábitos personales, aunque inofensivos, pueden causar vergüenza en situaciones sociales. Las personas pueden sentirse avergonzadas por hábitos como morderse las uñas, tartamudear o tener comportamientos repetitivos, especialmente si sienten que estos hábitos son observados y juzgados por los demás como morderse las uñas, dormir poco, comer mucho, ser procrastinador, etc.

David Beckham, uno de los futbolistas más famosos del mundo, ha hablado abiertamente sobre su trastorno obsesivo-compulsivo (TOC). Inicialmente, sentía vergüenza por sus hábitos repetitivos, como la necesidad de organizar objetos de cierta manera. Sin embargo, Beckham decidió compartir su lucha con el TOC, ayudando a desestigmatizar la condición y demostrando que la vergüenza no debía detenerlo.

Vergüenza por la Falta de Habilidades Sociales

Las habilidades sociales, o la falta de ellas, pueden ser una fuente constante de vergüenza. Las personas que luchan con la timidez, la ansiedad social o la dificultad para interactuar con otros a menudo se sienten avergonzadas en situaciones donde se espera que sean sociables o extrovertidas.

Ed Sheeran, el exitoso cantante y compositor, sufrió vergüenza en su juventud por su falta de habilidades sociales y su tartamudeo. Aunque se sentía avergonzado y aislado, encontró en la música una forma de expresarse y conectarse con los demás, superando así la vergüenza y convirtiéndose en un artista globalmente reconocido.

Vergüenza por la Situación Económica

La situación económica de una persona puede ser una fuente de vergüenza, especialmente en una sociedad donde el éxito a menudo se mide por el nivel de riqueza. La presión de aparentar un determinado nivel económico puede llevar a las personas a ocultar su verdadera situación financiera, sintiendo vergüenza por no cumplir con las expectativas de los demás.

J.K. Rowling, la autora de Harry Potter, vivió en la pobreza antes de alcanzar el éxito. A menudo sentía vergüenza por depender de la asistencia social y por no poder ofrecer a su hija una vida más cómoda. Sin embargo, en lugar de dejar que la vergüenza la definiera, Rowling canalizó su creatividad para escribir la serie de libros que la haría mundialmente famosa y utilizaría su historia para inspirar a otros.

Cardi B, la famosa rapera, ha hablado abiertamente sobre su pasado como stripper y su situación económica antes de la fama. Aunque en un principio sentía vergüenza por su trabajo, decidió usar su experiencia para empoderarse y demostrar que su autenticidad y perseverancia la llevaron al éxito. Hoy, Cardi B es un símbolo de superación y autenticidad en la industria musical.

Vergüenza por el Tipo de Trabajo

El tipo de trabajo o profesión que una persona tiene puede ser motivo de vergüenza si es juzgado negativamente por otros. Las personas pueden sentirse avergonzadas de su ocupación si creen que no es valorada o respetada por la sociedad.

Viola Davis, una actriz aclamada, ha hablado sobre la vergüenza que sentía al aceptar papeles que reforzaban estereotipos negativos sobre las personas afroamericanas. A pesar de la vergüenza, Davis decidió usar su éxito para desafiar esos estereotipos y defender la representación positiva en el cine, transformando su carrera en una plataforma para el cambio.

Meghan Markle, antes de convertirse en duquesa, trabajaba como actriz en Hollywood, en programas de menor relevancia. A menudo sentía vergüenza por cómo se percibía su carrera, pero utilizó su experiencia para construir una plataforma global, defendiendo la

Vergüenza por la Falta de Habilidades Académicas

Las habilidades académicas o intelectuales, o la falta de ellas, pueden hacer que alguien sienta vergüenza en ambientes donde se valora la educación formal. Las personas pueden sentirse inferiores o menos capaces si no poseen el mismo nivel de conocimiento o formación que otros.

Steve Jobs, cofundador de Apple, abandonó la universidad y, en un principio, sintió vergüenza por no tener un título académico en un mundo donde se valoraba la educación formal. Sin embargo, utilizó su creatividad e innovación para revolucionar la tecnología, demostrando que el éxito no depende únicamente de la educación formal.

Vergüenza por la Falta de Habilidades Deportivas

Las habilidades físicas o deportivas pueden ser motivo de vergüenza, especialmente en una cultura que valora el atletismo y la apariencia física. Las personas que no destacan en deportes o que no se ajustan a los estándares de belleza física pueden sentir vergüenza y presión.

Orientación Sexual e Identidad de Género, Vergüenza por Ser Quien Eres

La orientación sexual y la identidad de género son áreas donde la vergüenza puede ser devastadora. El temor al rechazo y la discriminación puede llevar a las personas a ocultar su verdadera identidad, sintiendo una profunda vergüenza por ser quienes son.

Ellen DeGeneres, una comediante y presentadora de televisión, enfrentó una ola de vergüenza y rechazo cuando salió del armario en los años 90. Aunque perdió oportunidades de trabajo y enfrentó críticas, Ellen superó la vergüenza y se convirtió en una defensora de los derechos LGBTQ+, siendo hoy una de las figuras más queridas y respetadas de la televisión.

La vergüenza por no poder tener hijos propios.

Es una carga emocional que muchas personas llevan en silencio. A menudo, la sociedad impone expectativas sobre lo que significa ser una "familia completa," y para aquellos que luchan con la infertilidad, estas expectativas pueden sentirse como un peso aplastante. La vergüenza en torno a la infertilidad no solo se origina en la presión externa, sino también en las emociones internas, en la sensación de que el cuerpo ha fallado, que de alguna manera no se es suficiente o que no se está cumpliendo con un rol que, tradicionalmente, se espera.

Las personas que experimentan infertilidad pueden enfrentarse a comentarios insensibles, preguntas invasivas, y a una sensación de aislamiento social. En algunos casos, hay un temor profundo a ser juzgados por no poder concebir, lo que lleva a muchos a ocultar su lucha y a vivir en un constante estado de vergüenza. Las reuniones familiares, los anuncios de embarazo de amigos, y las celebraciones que giran en torno a la maternidad o paternidad pueden ser recordatorios dolorosos de lo que parece inalcanzable.

Para quienes atraviesan esta situación, la vergüenza puede manifestarse de diversas maneras: puede ser la culpa que sienten por no poder darle un hijo a su pareja, la sensación de inutilidad al ver que los tratamientos médicos no funcionan, o el temor de que la infertilidad los defina como personas incompletas. Estas emociones pueden erosionar la autoestima y afectar las relaciones, creando una barrera emocional que a veces es difícil de superar.

Sin embargo, es importante recordar que la infertilidad no define a una persona. La capacidad de tener hijos no es lo que determina el valor o la identidad de alguien. La vergüenza por ser infértil es una respuesta natural a las presiones culturales y sociales, pero también es una respuesta que se puede desafiar y superar. Hablar abiertamente sobre la infertilidad, buscar apoyo en grupos de personas que han pasado por lo mismo, y reconocer que no hay "una única manera" de formar una familia son pasos poderosos hacia la sanación.

Es fundamental que la sociedad también cambie su perspectiva y deje de considerar la fertilidad como un requisito para la realización personal o familiar. La empatía y la comprensión son clave para aliviar la vergüenza y para apoyar a aquellos que enfrentan la infertilidad. Nadie debería sentirse menos por una situación que está fuera de su control.

En última instancia, superar la vergüenza por la infertilidad implica aceptar que el valor personal no se mide por la capacidad de tener hijos, sino por la capacidad de amar, de crear, y de vivir con propósito, independientemente de las circunstancias. La infertilidad es solo un capítulo en la historia de vida de una persona, no su final.

Tipos de Vergüenza: De Mayor a Menor Prevalencia

Basado en la prevalencia y el impacto social, a continuación, te presento una lista de los tipos de vergüenza más comunes de la más común a la menor.

1. Vergüenza Corporal: Relacionada con la apariencia física y el peso, esta es una de las formas más comunes de vergüenza, exacerbada por los estándares de belleza actuales.

2. Vergüenza Financiera: La vergüenza por la situación económica afecta a muchas personas, especialmente en sociedades donde el éxito se mide a menudo por la riqueza.

3. Vergüenza de Género: Surge cuando las personas no se ajustan a los roles de género tradicionales, lo que puede generar vergüenza, especialmente en contextos donde las normas de género son muy estrictas.

4. Vergüenza por la Salud Mental: A pesar de los avances en la comprensión de la salud mental, el estigma sigue siendo fuerte, lo que genera vergüenza en quienes enfrentan estos desafíos.

5. Vergüenza Sexual: La orientación sexual y la identidad de género pueden ser fuentes de vergüenza, especialmente en entornos no inclusivos.

6. Vergüenza en las relaciones: Sentirse inadecuado en una relación o no cumplir con las expectativas de la pareja puede ser una fuente común de vergüenza.

7. Vergüenza Social: La falta de habilidades sociales o la timidez pueden generar vergüenza en situaciones donde se espera que una persona sea extrovertida o sociable.

8. Vergüenza por la Productividad: Sentirse insuficiente en el trabajo o no cumplir con las expectativas laborales puede llevar a la vergüenza.

9. Vergüenza por la Carrera Profesional: Tener un trabajo que no es valorado por la sociedad o no cumplir con las expectativas de éxito puede causar vergüenza.

10. Vergüenza Académica: La falta de logros académicos puede hacer que una persona sienta vergüenza, especialmente en entornos donde se valora mucho la educación.

11. Vergüenza del fracaso: Fracasar en algún aspecto importante de la vida, como en una carrera o un proyecto personal, puede generar una profunda vergüenza.

12. Vergüenza Parental: La presión por ser un "padre perfecto" puede llevar a sentimientos de vergüenza cuando se cometen errores en la crianza.

13. Vergüenza Cultural o Étnica: La vergüenza relacionada con el origen cultural o étnico puede surgir debido a estereotipos negativos o discriminación.

14. Vergüenza de la Dependencia: Sentir vergüenza por depender de otros, ya sea emocional, financiera o físicamente, es común en sociedades que valoran la independencia.

15. Vergüenza Espiritual o Religiosa: Las creencias religiosas o espirituales pueden ser motivo de vergüenza si no son comprendidas o respetadas por los demás.

16. Vergüenza por el Comportamiento o Hábitos: Hábitos como morderse las uñas o tartamudear pueden generar vergüenza, especialmente en situaciones sociales.

17. Vergüenza de la Condición Física: Las personas que no son atléticas o no cumplen con los estándares físicos de la sociedad pueden sentir vergüenza en contextos donde se valora el rendimiento físico.

18. Vergüenza del pasado: Sentir vergüenza por decisiones o eventos del pasado es común y puede afectar la vida presente.

19. Vergüenza por el Duelo o Trauma: Las personas que han sobrevivido a traumas o situaciones difíciles pueden sentir vergüenza, especialmente en casos de "culpa del superviviente."

20. Vergüenza de la Edad: En culturas que valoran la juventud, las personas pueden sentir vergüenza por envejecer, especialmente en el entorno laboral o social.

Capítulo IV
HISTORIAS DE ÉXITO DE QUIENES ABRAZARON SU VERGÜENZA

La vergüenza puede ser una emoción debilitante, que nos frena, nos hace sentir pequeños y nos impide alcanzar nuestro verdadero potencial. Sin embargo, hay quienes han enfrentado esta emoción de frente, la han desafiado, y han logrado convertirla en una fuente de fuerza y éxito. Este capítulo está dedicado a esas personas que, a pesar de los desafíos, encontraron en la vergüenza una oportunidad para crecer y triunfar.

Oprah Winfrey

Es un ejemplo de alguien que superó desafíos personales y los transformó en una fuente de fortaleza y empoderamiento. Creció en condiciones difíciles, enfrentando situaciones que le generaron dolor y adversidad muy fuertes como abuso sexual. Ella al contrario de sentirse avergonzada a lo largo de su vida, decidió compartir sus experiencias, lo cual le permitió liberarse del peso de esos momentos y usar su historia para inspirar a otros.

Oprah Winfrey nació en condiciones de pobreza en Mississippi y tuvo una infancia marcada por grandes desafíos. Durante su juventud, vivió con diferentes familiares y enfrentó situaciones difíciles que afectan su bienestar emocional. A los 14 años, enfrentó la pérdida de un hijo poco después de su nacimiento, lo que fue un momento doloroso en su vida.

Al enfrentar sus dificultades de manera abierta y honesta, Oprah logró no solo fortalecerse personalmente, sino también convertirse en una figura que inspira a millones de personas a superar sus propios obstáculos. Su capacidad para transformar sus desafíos en un mensaje de esperanza y empoderamiento ha tenido un impacto global, mostrando que enfrentar las dificultades de la vida puede llevar a un bien mayor, tanto para uno mismo como para quienes buscan su guía.

Oprah Winfrey nació en condiciones de pobreza en Mississippi y tuvo una infancia marcada por grandes desafíos. Durante su juventud, vivió con diferentes familiares y enfrentó situaciones difíciles que afectan su bienestar emocional. A los 14 años, enfrentó la pérdida de un hijo poco después de su nacimiento, lo que fue un momento doloroso en su vida.

A pesar de estos obstáculos, Oprah decidió seguir adelante y construir una vida diferente. Se dedicó a sus estudios y comenzó a trabajar en medios de comunicación, donde rápidamente destacó por su talento. Con el tiempo, logró convertirse en una de las personalidades más influyentes de la televisión, utilizando su plataforma para compartir historias de superación y empoderamiento.

Oprah ha hablado abiertamente sobre los momentos difíciles de su vida, y cómo enfrentarlos la ayudó a transformarse y a construir un legado que ha inspirado a millones de personas en todo el mundo. Su historia es un ejemplo de cómo superar la adversidad puede llevar a grandes logros y tener un impacto positivo en la vida de otros.

Gloria Trevi

Una de las cantantes más icónicas de México, ha enfrentado múltiples situaciones en su vida que le generaron vergüenza, pero logró superarlas y resurgir con más fuerza.

Escándalo y arresto:

A finales de los años 90, Gloria Trevi se vio envuelta en uno de los mayores escándalos de la industria del entretenimiento en México. Fue acusada de estar involucrada en un presunto caso de corrupción de menores junto a su entonces mánager, Sergio Andrade. Esta situación la llevó a ser arrestada en Brasil y pasar casi cinco años en prisión. Durante ese tiempo, Trevi sufrió la vergüenza pública, siendo señalada y juzgada no solo por los medios de comunicación, sino también por la sociedad.

El juicio y su liberación:

A pesar de la presión mediática y la humillación pública, Gloria Trevi siempre mantuvo su inocencia. Después de años de batalla legal, fue absuelta de todos los cargos y liberada en 2004. Este fue un momento crucial en su vida, ya que, a pesar del estigma que la rodeaba, decidió enfrentar la vergüenza y demostrar su resiliencia. Su regreso a la vida pública no fue fácil, pero Trevi optó por no dejarse vencer por el pasado.

Renacimiento artístico:

En lugar de esconderse después de su liberación, Gloria Trevi decidió relanzar su carrera musical. Con su álbum "Cómo nace el universo", logró reconectarse con sus seguidores y demostrar que su talento seguía intacto. A través de su música, abordó sus experiencias personales y utilizó su arte como una forma de catarsis, enfrentando públicamente su pasado y dejando claro que no dejaría que la vergüenza definiera su futuro.

Defensora de la superación personal:

A lo largo de los años, Gloria Trevi ha hablado abiertamente sobre los momentos más oscuros de su vida, incluyendo la vergüenza que sintió durante su tiempo en prisión y cómo fue juzgada por la sociedad. Sin embargo, ha transformado esa vergüenza en una fuente de fortaleza, utilizando su historia como un ejemplo de superación. Ha inspirado a muchos al demostrar que, incluso en las circunstancias más difíciles, es posible resurgir y seguir adelante.

Empoderamiento y éxito continuo:

Hoy en día, Gloria Trevi es vista como una figura de empoderamiento en el mundo del entretenimiento. No solo ha recuperado su carrera, sino que ha alcanzado nuevos niveles de éxito, llenando estadios y manteniendo una base de fanáticos leales. Ha utilizado su plataforma para apoyar causas importantes, como los derechos de las mujeres, y para transmitir un mensaje de perseverancia y valentía.

La historia de Gloria Trevi es un poderoso ejemplo de cómo una persona puede enfrentar múltiples vergüenzas y dificultades en la vida, pero, aun así, encontrar la manera de transformarlas en un impulso para seguir adelante. Su capacidad para sobreponerse a los escándalos y reconstruir su vida y carrera es una inspiración para aquellos que enfrentan situaciones difíciles.

Sé que tal vez haya algunas personas que no estén de acuerdo con este ejemplo debido a las acusaciones severas que se hicieron contra Gloria. Sin embargo, este libro no se trata de juzgar a nadie, sino de tomar lo mejor de las personas como ejemplo de superación, para que sirva tanto a ti como a mí en nuestro propio camino hacia el éxito, porque lo merecemos. Como dice la Biblia, "el que esté libre de pecado, que tire la primera piedra". Enfócate en ti mismo, no en los demás. ¿Cómo me sirve esto a mí?

Britney Spears

Vergüenza: La cantante Britney Spears enfrentó una de las crisis públicas más documentadas en la historia del entretenimiento. En 2007, sufrió un colapso mental que resultó en su infame momento de raparse la cabeza, ataques a paparazzi y problemas de custodia con sus hijos. Durante años, su vida fue objeto de burlas y críticas constantes.

Superación: Después de años de lucha, Britney comenzó a retomar el control de su vida, culminando con la eliminación de la tutela bajo la cual vivía. Su historia ha generado una discusión importante sobre la salud mental y los derechos de las celebridades.

Tiger Woods

Vergüenza: El legendario golfista Tiger Woods vio cómo su vida privada se desmoronaba cuando se revelaron sus múltiples infidelidades en 2009. Esto no solo dañó su reputación, sino que también afectó gravemente su carrera y vida personal.

Superación: A pesar del escándalo, Woods logró reconstruir su carrera y, en 2019, ganó el Masters, demostrando que podía superar los errores del pasado y seguir siendo un competidor de élite en el golf.

Winona Ryder

Vergüenza: La actriz Winona Ryder sufrió una gran caída en su carrera cuando fue arrestada por robo en una tienda en 2001. La imagen pública de Ryder se deterioró considerablemente y pasó años alejada de la actuación.

Superación: Después de un período de bajo perfil, Ryder volvió al estrellato con su papel en la exitosa serie Stranger Things, demostrando que podía reinventarse y volver a ser relevante en Hollywood.

Hugh Grant

Vergüenza: En 1995, Hugh Grant fue arrestado en Los Ángeles por solicitar los servicios de una trabajadora sexual, lo que fue un gran escándalo para su carrera en ese momento.

Superación: Grant se disculpó públicamente y logró continuar su carrera en Hollywood, protagonizando exitosas películas románticas y eventualmente convirtiéndose en un respetado actor de carácter.

Martha Stewart

Vergüenza: La empresaria y personalidad de la televisión Martha Stewart fue encarcelada en 2004 por cargos de conspiración, obstrucción de la justicia y declaraciones falsas relacionadas con el uso de información privilegiada. Esto dañó seriamente su reputación y su imperio empresarial sin contar que a pesar de ser millonaria estuvo encarcelada varios meses.

Superación: Tras su liberación, Stewart reconstruyó su marca y se reinventó como una figura respetada en los medios, convirtiéndose en un ejemplo de cómo superar la adversidad.

Charlie Sheen

Vergüenza: El actor Charlie Sheen vivió un período de decadencia pública marcado por problemas de abuso de sustancias, comportamiento errático y conflictos legales. Su comportamiento llevó a su despido de la exitosa serie Two and a Half Men.

Superación: Aunque su carrera nunca volvió al mismo nivel de éxito, Sheen ha tratado de reconstruir su vida y su salud, utilizando su experiencia para crear conciencia sobre el abuso de sustancias y la salud mental.

Lance Armstrong

Vergüenza: El ciclista Lance Armstrong fue despojado de sus siete títulos del Tour de Francia después de que se revelara que había estado usando sustancias prohibidas. Durante años, negó las acusaciones antes de finalmente admitirlas en 2013.

Superación: Aunque su reputación quedó destruida, Armstrong ha trabajado para reconstruir su vida y se ha centrado en el trabajo caritativo y en hablar abiertamente sobre sus errores.

Monica Lewinsky

Vergüenza: Monica Lewinsky fue protagonista de uno de los mayores escándalos políticos en la historia de Estados Unidos cuando se reveló su relación con el presidente Bill Clinton en la década de 1990. Durante años, fue objeto de burlas y humillaciones públicas.

Superación: Lewinsky ha transformado su experiencia en un mensaje poderoso sobre el acoso y la cultura de la vergüenza pública. Hoy en día es una activista en contra del bullying y una defensora de la salud mental.

Robert Downey Jr.

Vergüenza: Robert Downey Jr. enfrentó una serie de problemas con la ley debido a su abuso de sustancias en la década de 1990, lo que lo llevó a ser arrestado varias veces y a pasar tiempo en prisión. Su reputación y carrera se vieron gravemente afectadas.

Superación: Downey Jr. logró superar sus adicciones y resucitó su carrera, convirtiéndose en uno de los actores más exitosos de Hollywood, especialmente conocido por su papel como Iron Man en el Universo Cinematográfico de Marvel.

Madam C.J. Walker,

Nacida como Sarah Breedlove, fue la primera mujer afroamericana en convertirse en millonaria. Aunque alcanzó un éxito notable, su vida estuvo marcada por desafíos y momentos de vergüenza que tuvo que superar. Una de las mayores vergüenzas de Madam C.J. Walker vivió su infancia y juventud en condiciones de extrema pobreza. Nació en 1867, poco después del final de la esclavitud, en una plantación de algodón en Luisiana. Como hija de antiguos esclavos y huérfana a los siete años, Walker enfrentó una vida de privaciones y dificultades. Desde muy joven, trabajó como lavandera, un trabajo físicamente agotador que le generaba una gran humillación, ya que se consideraba uno de los trabajos más indignos y peor pagados.

Durante su juventud, Walker sufrió problemas de salud, incluyendo la pérdida de cabello debido a una afección del cuero cabelludo. Esto le causó una gran vergüenza personal, ya que en desde siempre la apariencia física, y especialmente el cabello, era un aspecto importante de la identidad femenina. Sin embargo, en lugar de dejarse vencer por esta situación, utilizó su experiencia personal como inspiración para desarrollar productos capilares que no solo solucionaron su problema, sino que también la llevaron al éxito empresarial ya que logró ayudar a miles de mujeres con este problema.

En su camino hacia el éxito, Madam C.J. Walker enfrentó una gran cantidad de obstáculos y humillaciones por ser una mujer afroamericana en una sociedad racista y sexista. A menudo, la subestimaban y desestimaban debido a su raza y género. Sin embargo, Walker utilizó estas experiencias como motivación para demostrar que era capaz de lograr grandes cosas. Su tenacidad la ayudó a superar los prejuicios y construir un imperio empresarial.

Madam C.J. Walker superó la vergüenza y los desafíos que enfrentó a lo largo de su vida a través de la perseverancia, la innovación y el empoderamiento. Transformó su dolor y dificultades en una fuente de inspiración, y no solo creó una línea exitosa de productos capilares para mujeres afroamericanas, sino que también empoderó a otras mujeres al ofrecerles oportunidades de empleo y formación en ventas. Además, Walker se convirtió en una defensora de los derechos civiles y utilizó su fortuna para apoyar causas importantes en su comunidad.

Durante sus años de éxito, Madam C.J. Walker construyó una mansión llamada "Villa Lewaro" en Irvington, Nueva York. y a que no sabes quien fue su vecino en esta lujosa área residencial era John D. Rockefeller, uno de los hombres más ricos y poderosos de la época. La proximidad de su hogar al de Rockefeller simbolizaba el increíble ascenso de Walker desde la pobreza extrema hasta convertirse en una de las mujeres más ricas y exitosas de su tiempo. Esta vecindad también destacó el impacto que tuvo en la sociedad, desafiando las normas raciales y económicas de su época.

Madam C.J. Walker no solo superó la vergüenza y las dificultades que enfrentó, sino que también dejó un legado duradero como empresaria y filántropa, demostrando que la adversidad puede ser transformada en una fuente de empoderamiento y éxito.

Wendy Guevara

Wendy Guevara es una figura pública mexicana que ha desafiado las normas sociales y culturales al convertirse en una de las primeras mujeres transgénero en alcanzar la fama en México. Su historia es un poderoso ejemplo de cómo la vergüenza, aunque profundamente arraigada en las expectativas sociales, puede ser superada a través de la autenticidad y el coraje.

Abraza Tu Vergüenza, Empodérate

Wendy se dio a conocer como parte del grupo "Las Pérdidas," que se volvió viral después de un video en el que, junto a sus amigas, bromeaba sobre haberse perdido en la naturaleza. Lo que comenzó como un momento de humor espontáneo, pronto la catapultó a la fama. Sin embargo, con la visibilidad vinieron también las críticas y los prejuicios. La sociedad, aún cargada de estigmas hacia las personas transgénero, intentó imponerle una vergüenza que ella decidió no aceptar.

Para Wendy, la vergüenza no solo provino de la discriminación externa, sino también de las dificultades personales que enfrentó en su vida diaria. Como mujer trans en una sociedad que no siempre entiende ni acepta la diversidad de género, Wendy tuvo que luchar constantemente contra los estigmas. Las miradas, los comentarios, y la falta de aceptación fueron obstáculos en su camino. Sin embargo, en lugar de dejarse llevar por la vergüenza, Wendy eligió abrazar su identidad y utilizar su plataforma para visibilizar las luchas de la comunidad trans.

A través de su sentido del humor y su autenticidad, Wendy ha transformado su vida. Ha demostrado que la vergüenza es un producto de las expectativas sociales, y que el verdadero poder radica en desafiar esas expectativas y vivir una vida plena y auténtica. Wendy no solo ha superado la vergüenza que la sociedad intentó imponerle, sino que también se ha convertido en un símbolo de resiliencia y empoderamiento para muchas personas.

Su historia nos enseña que la vergüenza puede ser una barrera, pero también un catalizador para el empoderamiento.

Jacqueline Vrba

Wendy ha convertido sus experiencias en una fuente de inspiración, mostrando que vivir con autenticidad es la mejor manera de vencer la vergüenza y alcanzar el éxito.

Abraza Tu Vergüenza, Empodérate

Capítulo V
CUANDO EL HOMBRE PERDIÓ LA INOCENCIA NACIÓ LA VERGÜENZA

El ejemplo de Adán y Eva como la primera vergüenza es poderoso para ilustrar cómo la pérdida de la inocencia abre la puerta a la vergüenza. En el relato bíblico, antes de comer del fruto prohibido, ambos vivían en un estado de pureza e inocencia, sin consciencia de su desnudez. Sin embargo, tras desobedecer a Dios y comer del árbol del conocimiento del bien y del mal, sus ojos se abrieron, y con esa nueva conciencia vino el sentimiento de vergüenza por su desnudez. Esta experiencia es el origen simbólico de la vergüenza en la humanidad, marcando el momento en que la inocencia se pierde y se introduce el juicio propio y ajeno.

Este ejemplo refleja cómo, a medida que adquirimos conciencia de nosotros mismos y de nuestras imperfecciones, también nos volvemos susceptibles a la vergüenza. La historia de Adán y Eva puede servir como una metáfora de cómo la vergüenza nos conecta con nuestra humanidad y nuestras limitaciones, pero también de cómo, al reconocerla y superarla, podemos recuperar nuestra dignidad y autenticidad.

Cómo la Sociedad Moldea la Vergüenza en los Niños y Cómo los Líderes, Maestros y Padres Pueden Cambiar Esto

Estaremos de acuerdo de que los niños pequeños nacen libres de vergüenza. Su curiosidad natural los impulsa a explorar el mundo sin preocuparse por el juicio de los demás. Si un niño pequeño tropieza mientras aprende a caminar o pronuncia mal una palabra, su primera reacción no es la vergüenza, sino intentarlo de nuevo. En esta etapa, los niños están completamente inmersos en el proceso de aprendizaje, sin las ataduras de las expectativas externas. Su autenticidad y expresión genuina son una parte integral de su ser.

Sin embargo, a medida que crecen, los niños empiezan a recibir señales sobre lo que es "correcto" o "incorrecto". Estas señales provienen de los adultos en sus vidas, de otros niños y de la sociedad en general. A medida que aprenden estas normas, también empiezan a aprender lo que significa sentir vergüenza.

El Inicio del Cambio: Expectativas Sociales y Comparaciones

El proceso de socialización introduce a los niños en las expectativas de la sociedad. A partir de los 3 a 5 años, los niños comienzan a ser conscientes de cómo los demás los perciben. Pueden ser reprendidos por comportarse de manera que los adultos consideran inapropiada o elogiados por cumplir con las normas. Aquí es donde la semilla de la vergüenza empieza a plantarse. Al mismo tiempo, los niños comienzan a compararse con sus compañeros. Las diferencias físicas, de habilidades o de comportamiento empiezan a ser motivo de burla o exclusión, lo que intensifica los sentimientos de vergüenza.

La Influencia de la Escuela y el Entorno Social

La escuela juega un papel crucial en el desarrollo de la vergüenza en los niños. Desde las primeras etapas, los niños son evaluados, comparados y clasificados en función de su rendimiento académico y comportamiento. Las calificaciones, la participación en clase y la interacción social se convierten en puntos de comparación. Aquellos que no sobresalen pueden empezar a sentir vergüenza, lo que afecta su autoestima y su disposición para participar activamente.

A medida que los niños avanzan en la escuela primaria, la presión social se intensifica. La necesidad de encajar y ser aceptado por los compañeros puede llevar a la vergüenza si un niño no se ajusta a las normas del grupo. Los niños que son ridiculizados o excluidos pueden comenzar a retraerse y evitar situaciones en las que puedan ser juzgados o criticados.

La semilla de la vergüenza no crecerá sola, primero debe ser plantada.

La Adolescencia: Un Refugio de Vergüenza

Cuando los niños llegan a la adolescencia, la vergüenza puede haberse convertido en una parte dominante de su vida. En la secundaria, la presión social alcanza su punto máximo. Los adolescentes luchan por ser aceptados, tanto por sus compañeros como por la sociedad en general. La vergüenza por no cumplir con las expectativas académicas, sociales o físicas puede ser abrumadora.

El deseo de evitar la vergüenza lleva a muchos adolescentes a esconderse, ya sea físicamente (sentándose en la parte trasera del aula) o emocionalmente (no participando en clase). Temen ser ridiculizados o criticados si cometen errores, lo que los lleva a evitar cualquier situación en la que puedan ser juzgados. Esta evitación no solo afecta su rendimiento académico, sino que también refuerza su vergüenza y su autoaislamiento.

Por Qué los Niños Seguros Se Convierten en Adolescentes Temeroso

Los niños seguros que desean participar en clases y explorar su entorno libremente a menudo se convierten en adolescentes temerosos debido a una combinación de factores sociales, emocionales y cognitivos que ocurren durante su desarrollo. Aquí te explico algunas de las razones principales por las que ocurre este cambio:

1. **Expectativas Sociales y Presión de los Padres:** A medida que los niños crecen y entran en la adolescencia, las expectativas sociales y la presión de los pares se vuelven más intensas. En la infancia, los niños tienden a ser más libres de las expectativas de sus compañeros y del juicio social. Sin embargo, en la adolescencia, el deseo de encajar y ser

aceptado por los demás se convierte en una prioridad. Esto puede llevar a que los adolescentes eviten participar en clase por miedo a ser juzgados o ridiculizados por sus compañeros. La necesidad de ser aceptado puede ser tan fuerte que prefieren quedarse en silencio y evitar destacar para no correr el riesgo de ser rechazados.

2. Desarrollo de la Autoconciencia: Durante la adolescencia, el cerebro sigue desarrollándose, y una de las áreas que se vuelve más activa es la corteza prefrontal, que está involucrada en la toma de decisiones y la regulación emocional. Los adolescentes comienzan a desarrollar una mayor autoconciencia, lo que significa que se vuelven más conscientes de cómo los demás los perciben. Esta mayor autoconciencia puede llevar a la inseguridad, ya que los adolescentes se preocupan más por cómo se ven y cómo actúan frente a los demás. Lo que antes era una participación entusiasta en clase puede convertirse en un miedo a decir algo incorrecto o a ser ridiculizado.

3. Aumento de la Comparación Social: En la adolescencia, los jóvenes empiezan a compararse más con sus compañeros, tanto en términos de apariencia física como de habilidades académicas y sociales. Si un adolescente siente que no está a la altura de sus compañeros, puede desarrollar una sensación de inferioridad y vergüenza. Esto puede llevar a una disminución de la participación en clase, ya que el miedo a no ser lo suficientemente bueno puede ser paralizante.

4. Críticas y rechazo en el pasado: Las experiencias negativas en la infancia, como ser ridiculizado o criticado por cometer un error en clase, pueden tener un impacto duradero en el comportamiento de un adolescente. Si un niño seguro de sí mismo experimenta vergüenza o rechazo en algún momento de su desarrollo, puede volverse más reacio a participar en situaciones similares en el futuro. Este temor al rechazo se arraiga profundamente y puede llevar a un ciclo de evitación. Recordando esto, recuerdo una vez que una maestra se burló de mí porque, según ella, yo iba despeinada, "pura bruja". Recuerdo que ese día mi mamá me peinó y me dijo que me veía bien. Tal vez, camino a la escuela, me despeine, ¡ja, ja, ja!, no sé, pero su actitud y sus palabras hirieron profundamente mi corazón en ese momento.

5. Cambios en la Dinámica Familiar: Las relaciones familiares también juegan un papel importante en la transición de la seguridad a la inseguridad. Si un niño crece en un entorno donde se le anima y se le apoya, es más probable que mantenga su confianza en la adolescencia. Sin embargo, si las dinámicas familiares cambian, por ejemplo, si hay críticas constantes o expectativas poco realistas, el niño puede perder su confianza y desarrollar un miedo a participar y expresarse.

6. Desarrollo de la Identidad Personal: La adolescencia es un período crucial para el desarrollo de la identidad personal. Los adolescentes están en la búsqueda de descubrir quiénes son y qué valoran, lo que puede generar confusión y duda. Este proceso puede hacer que se sientan inseguros y menos dispuestos a expresarse, especialmente si sienten que no encajan en las normas sociales establecidas.

7. Influencia de los Medios y la Cultura Popular: Los medios de comunicación y la cultura popular también juegan un papel importante en la formación de las inseguridades de los adolescentes. La constante exposición a imágenes de perfección y éxito puede hacer que los adolescentes se sientan inadecuados o que no cumplen con las expectativas sociales, lo que refuerza su deseo de esconderse y evitar el juicio.

8. Miedo al fracaso: El miedo al fracaso es un factor clave en la transición de un niño seguro a un adolescente temeroso. A medida que los adolescentes se enfrentan a mayores desafíos académicos y sociales, el temor a no tener éxito puede impedir que participen activamente. Este miedo puede ser el resultado de experiencias previas de fracaso o de la presión por cumplir con expectativas elevadas, tanto de sí mismos como de los demás.

Cómo los Líderes, Maestros y Padres Pueden Cambiar Esto

A pesar de los desafíos, los líderes, maestros y padres tienen un papel crucial en revertir este ciclo de vergüenza. Con un enfoque empático, comprensivo y proactivo, pueden ayudar a los niños y adolescentes a recuperar su confianza y autenticidad. A continuación, se presentan algunas estrategias clave:

1. Fomentar la Autoaceptación y la Resiliencia: Los padres y maestros deben enseñar a los niños que está bien cometer errores y que los fracasos son una parte natural del aprendizaje. Alentar la autoaceptación ayuda a los niños a desarrollar una visión más positiva de sí mismos, independientemente de las expectativas externas esto es como te veas, tu lugar de nacimiento y todas las demás heridas de vergüenza que hablamos en este libro, es vital que compartas este libro con maestros. Los líderes escolares deben promover programas de resiliencia emocional que ayuden a los estudiantes a manejar la vergüenza y otros desafíos emocionales. Aunque los responsables son los tutores o padres del niño o niña. Maestros e instructores también tienen responsabilidad al ser de gran influencia en la vida de los niños.

2. Crear Entornos Seguros y de Apoyo: Es fundamental que las escuelas y los hogares sean lugares donde los niños se sientan seguros y valorados por quienes son, en lugar de por lo que logran. Los maestros pueden crear un ambiente de aula donde todos los estudiantes se sientan incluidos y apoyados, sin temor al ridículo o al juicio. Los padres, por su parte, pueden fomentar un hogar donde se valore la comunicación abierta y el respeto mutuo.

3. Modelar la Vulnerabilidad y la Autenticidad: Los líderes, maestros y padres deben modelar la vulnerabilidad y la autenticidad en sus propias vidas. Mostrar a los niños que está bien sentirse vulnerables y que todos enfrentan desafío

Te comparto algunos ejemplos:

Lucas: Lucas era un niño curioso y participativo en sus primeros años escolares. Le encantaba hacer preguntas en clase y compartir sus ideas con sus compañeros. Sin embargo, al llegar a la secundaria, comenzó a ser ridiculizado por otros estudiantes por "hablar demasiado" y "ser un sabelotodo". La vergüenza que sintió lo llevó a quedarse callado en clase y sentarse en la última fila, temiendo que cualquier comentario suyo fuera motivo de burla.

Camila: Camila siempre había sido una niña creativa y segura de sí misma. Le encantaba dibujar y mostrar sus obras en clase. Pero a medida que creció, empezó a notar que sus dibujos no eran "tan buenos" como los de otros compañeros, y algunos incluso se burlaban de ellos. La vergüenza que sintió la llevó a dejar de dibujar en público y a esconder sus cuadernos de bocetos, temerosa de la crítica.

Javier: Javier, un niño lleno de energía, era conocido por su entusiasmo en participar en todas las actividades deportivas de la escuela. Sin embargo, en la secundaria, algunos compañeros empezaron a burlarse de su físico, lo que lo hizo sentir inseguro. La vergüenza que sintió lo llevó a evitar las clases de educación física y a retirarse de los equipos deportivos que tanto le gustaban.

Simone Biles: Simone Biles, la gimnasta olímpica, ha hablado abiertamente sobre las presiones y expectativas que enfrenta en su carrera. A pesar de ser una de las mejores atletas del mundo, Biles ha enfrentado momentos de vergüenza e inseguridad, especialmente al lidiar con su salud mental. Su decisión de priorizar su bienestar por encima de las expectativas de los demás ha inspirado a millones, mostrando que el autocuidado y la autocompasión son más importantes que el rendimiento.

Rompiendo el Ciclo de la Vergüenza

Romper el ciclo de la vergüenza que comienza en la infancia y se intensifica en la adolescencia requiere un enfoque intencional y compasivo por parte de todos los adultos involucrados en la vida de un niño. Al crear entornos de apoyo, modelar comportamientos saludables y desafiar las normas sociales perjudiciales, es posible ayudar a los niños y adolescentes a desarrollar una autoestima sólida y a enfrentar la vida con confianza.

La vergüenza no tiene que ser una carga permanente. Con las herramientas adecuadas y el apoyo de la comunidad, los jóvenes pueden aprender a liberarse de las cadenas de la vergüenza y vivir vidas auténticas, llenas de propósito y alegría.

El pasaje bíblico que menciona que solo aquellos con corazón como el de un niño entrarán al reino de los cielos tiene una profundidad inmensa cuando se analiza a través del prisma de la vergüenza y el amor propio. Los niños, en su estado más puro, viven sin las capas de vergüenza que la sociedad y las experiencias de la vida imponen sobre los adultos. Ellos se mueven con autenticidad, amor propio y una alegría innata que muchos pierden al crecer. Esta inocencia y pureza de corazón no significa ignorancia, sino una capacidad para vivir sin el peso de los juicios y las expectativas que generan vergüenza.

Interpretar este pasaje como un llamado a vivir sin vergüenza y con amor propio nos invita a volver a esa pureza interior que alguna vez tuvimos, esa capacidad de amarnos y aceptarnos sin reservas. Para curarnos de la vergüenza que acumulamos a lo largo de la vida, necesitamos recuperar ese corazón tan puro como el de un niño, lleno de amor y libre de miedo al juicio. Solo así podremos experimentar ese "reino de los cielos" en nuestras vidas, un estado de plenitud y paz interior.

La vida, sin embargo, puede ser un cruel capataz, implacable y duro en sus lecciones. Pero es precisamente la actitud con la que enfrentamos esas pruebas lo que marca la diferencia. Un corazón puro y una actitud llena de amor y compasión, tanto hacia nosotros mismos como hacia los demás, pueden suavizar incluso al más cruel de los capataces. Porque, al final, ni siquiera la vida en su dureza puede resistirse a la dulzura, a la miel que emana de un corazón lleno de amor y libre de vergüenza, como el de un niño.

Capítulo 6
TÓMATE UNA RADIOGRAFÍA DEL ALMA

Conocerte a ti mismo es esencial para comprender tus tipos de vergüenza y descubrir aquellas que permanecen ocultas. La vergüenza es una emoción que a menudo se esconde en las profundidades de nuestra psique, en lugares que preferimos no explorar o incluso que no reconocemos. Cuando no te conoces a ti mismo, es fácil dejar que esas vergüenzas ocultas influyan en tus decisiones, comportamientos y relaciones sin darte cuenta.

Conocerte a ti mismo es un proceso profundo y continuo que requiere introspección y la utilización de diferentes herramientas y prácticas. Aquí te menciono algunas herramientas efectivas que puedes usar para conocerte mejor:

1. Journaling (Escritura Reflexiva):

• Cómo ayuda: Escribir tus pensamientos y sentimientos te permite reflexionar sobre tus experiencias diarias y comprender patrones en tu comportamiento y emociones. A medida que plasmas tus ideas en papel, puedes identificar las causas de tus vergüenzas, miedos y deseos.

- Consejo: Dedica unos minutos al día para escribir sin filtro. Puedes hacer preguntas como "¿Qué me hizo sentir incómodo hoy?" o "¿Qué aspectos de mi vida me hacen sentir más inseguro?"

2. Meditación y Mindfulness:

- Cómo ayuda: La meditación te permite calmar tu mente y observar tus pensamientos sin juzgarlos. A través de la práctica regular, puedes empezar a identificar pensamientos recurrentes de vergüenza o inseguridad y abordarlos desde una perspectiva más consciente.

- Consejo: Comienza con prácticas sencillas de mindfulness, como enfocarte en tu respiración o en las sensaciones de tu cuerpo, y observa cómo reaccionas ante ciertos pensamientos o emociones.

3. Terapia o Coaching:

- Cómo ayuda: Un terapeuta o coach puede guiarte en un viaje de autodescubrimiento, ayudándote a explorar áreas de tu vida que tal vez no has examinado profundamente. Estas sesiones pueden proporcionar una perspectiva externa que te ayuda a ver patrones que no habías notado antes.

- Consejo: Busca un profesional con el que te sientas cómodo y seguro, y no dudes en hablar abiertamente sobre tus vergüenzas y dudas.

4. Evaluaciones de Personalidad y Autoconocimiento:

• Cómo ayuda: Herramientas como el Myers-Briggs Type Indicator (MBTI), el Enneagrama, o el StrengthsFinder te ofrecen una visión más estructurada de tu personalidad, fortalezas y debilidades. Conocer estos aspectos puede ayudarte a entender cómo respondes a las situaciones y cómo gestionar mejor tus emociones.

• Consejo: Toma estas evaluaciones con una mente abierta y úsalo como un punto de partida para la reflexión personal, no como etiquetas definitivas.

5. Feedback de Personas Cercanas:

• Cómo ayuda: Las personas cercanas a ti pueden ofrecerte una perspectiva sobre ti mismo que quizás no habías considerado. Pedirles feedback puede ayudarte a descubrir aspectos de ti que están influenciados por la vergüenza o que desconocías.

• Consejo: Pide feedback a personas en las que confíes y que te conozcan bien, y asegúrate de estar abierto a recibir comentarios constructivos.

6. Práctica de la Autoobservación:

• Cómo ayuda: La auto observación consiste en monitorear tus pensamientos, emociones y reacciones en tiempo real. Esto te permite identificar patrones automáticos de comportamiento y analizar el origen de esos patrones.

- Consejo: Durante el día, detente y observa cómo reaccionas ante situaciones, especialmente las que te incomodan. Pregúntate por qué estás reaccionando de esa manera.

7. Lectura y Reflexión Personal:

- Cómo ayuda: Leer libros sobre psicología, desarrollo personal y espiritualidad puede abrir nuevas perspectivas y ayudarte a comprenderte mejor. Las historias y ejemplos en estos libros pueden resonar contigo y ofrecerte herramientas para trabajar en tu propio autoconocimiento.

- Consejo: Elige libros que te hablen directamente sobre los temas que deseas explorar, y tómate el tiempo para reflexionar sobre lo que has aprendido.

8. Ejercicios de Visualización:

- Cómo ayuda: La visualización guiada te permite imaginar escenarios y cómo te sentirías en ellos, lo que puede revelar emociones ocultas y ayudarte a enfrentarlas. Este ejercicio también te ayuda a ver posibles soluciones o cambios en tu vida.

- Consejo: Prueba visualizaciones simples, como imaginarte en un lugar seguro y cómo te sientes allí, y luego profundiza en escenarios más desafiantes.

Utilizar estas herramientas con constancia y apertura te permitirá descubrir y confrontar las vergüenzas ocultas que pueden estar afectando tu vida, y te ayudará a construir una relación más profunda contigo mismo

9. Eneagrama:

• Cómo ayuda: El Eneagrama es una herramienta de autoconocimiento que identifica nueve tipos de personalidad, cada uno con sus motivaciones, miedos y deseos centrales. Al descubrir tu tipo de Eneagrama, puedes entender mejor tus patrones de comportamiento y cómo tus miedos o inseguridades, incluidas las vergüenzas, afectan tu vida.

• Consejo: Investiga sobre los nueve tipos y realiza una prueba de Eneagrama. Luego, reflexiona sobre cómo las características de tu tipo se relacionan con las áreas de tu vida donde experimentamos vergüenza.

Este último Eneagrama ha transformado mi vida y la de muchas personas a mi alrededor: el eneagrama. Esta herramienta es como un mapa que nos guía hacia un profundo autoconocimiento, revelando tanto nuestras fortalezas como nuestras debilidades. A través de diferentes pruebas y ejercicios, el eneagrama nos ofrece un espejo en el cual podemos vernos con claridad y honestidad, permitiéndonos reconocer quiénes somos realmente.

El autoconocimiento es un viaje que puede ser a veces desafiante, pero es increíblemente liberador. Al conocerme a mí misma, he podido identificar las vergüenzas que me han mantenido atada, aquellas que me han hecho sentir pequeña e insuficiente. Pero, al mismo tiempo, he descubierto mis puntos fuertes, esas cualidades que me hacen única y valiosa.

Quiero que imagines que estás sosteniendo una balanza. En un lado, están tus vergüenzas: esas cosas que te hacen sentir menos, esas inseguridades que te persiguen. En el otro lado, están tus puntos fuertes: tus talentos, tus virtudes, esas cualidades que te hacen brillar. Lo maravilloso del eneagrama es que nos permite equilibrar esta balanza, enfocándonos en nuestras fortalezas y utilizando ese poder para superar nuestras vergüenzas.

Quiero que tomes un momento para reflexionar sobre tus propias vergüenzas y tus puntos fuertes. Usa el eneagrama o cualquier otra herramienta de autoconocimiento que prefieras. Reconoce esas vergüenzas, pero no les des el poder de definirte. En su lugar, agárrate de tus puntos fuertes con todas tus fuerzas. Manda tus vergüenzas a la chingada, porque no merecen controlar tu vida.

El camino del autoconocimiento es un viaje continuo. Habrá días en los que te sentirás invencible y otros en los que tus vergüenzas intentarán volver a tomar el control. Pero cada vez que eso suceda, recuerda tus fortalezas, tus logros, y todo lo que has superado. Porque tú eres mucho más que tus vergüenzas. Eres una persona llena de potencial y capacidad para lograr grandes cosas.

Descubriendo tu Tipo de Personalidad Eneagrama

Descubre lo maravilloso que eres a través del eneagrama, una herramienta fascinante que te invita a explorar tu ser más profundo. Este viaje de autoconocimiento te permite identificar no solo tus fortalezas, sino también las áreas donde puedes crecer y mejorar. Es un camino hacia la comprensión más profunda de ti mismo y de cómo interactúas con el mundo que te rodea.

1. Descripción de los tipos de personalidad del Eneagrama.

o **Tipo 1 - El Perfeccionista:** ¿Siento una fuerte necesidad de hacer las cosas correctamente y de acuerdo con mis principios?

o **Tipo 2 - El Ayudador:** ¿Siento que me involucro mucho en la vida de los demás y tiendo a dar más de lo que recibo?

o **Tipo 3 - El Triunfador:** ¿Me esfuerzo por destacar, ser exitoso y recibir reconocimiento por mis logros?

o **Tipo 4 - El Individualista:** ¿Me considero único y diferente de los demás? ¿Valoro mi autenticidad y creatividad?

o **Tipo 5 - El Investigador:** ¿Me identifico con la búsqueda de conocimiento y la necesidad de entender el mundo que me rodea?

o **Tipo 6 - El Leal:** ¿Soy precavido y tiendo a anticipar problemas para sentirme seguro?

o **Tipo 7 - El Entusiasta:** ¿Me gusta explorar nuevas experiencias y disfruto de la variedad en la vida?

○ **Tipo 8 - El Protector:** ¿Siento la necesidad de controlar mi entorno y proteger a los que amo?

○ **Tipo 9 - El Pacificador:** ¿Prefiero mantener la paz y la armonía en mis relaciones y entorno?

Breve descripción de los nueve tipos de personalidad:

Tipo 1 - **El Perfeccionista:** Este tipo se caracteriza por una fuerte necesidad de hacer las cosas correctamente y según sus principios. Son personas autoexigentes, con un fuerte sentido del deber y la justicia. Tienden a ser críticos consigo mismos y con los demás cuando las cosas no están a la altura de sus estándares elevados.

Tipo 2 - **El Ayudador:** Los individuos de este tipo tienden a involucrarse mucho en la vida de los demás, ofreciendo apoyo y ayuda desinteresada. Buscan sentirse necesitados y valorados por las personas a su alrededor, a menudo sacrificando sus propias necesidades en favor de los demás.

Tipo 3 - **El Triunfador:** Son personas orientadas al éxito y al logro. Se esfuerzan por sobresalir en todo lo que hacen y buscan constantemente reconocimiento y admiración por sus logros. Son ambiciosos, adaptables y altamente motivados para alcanzar sus metas y objetivos.

Tipo 4 - **El Individualista:** Valorando profundamente su autenticidad, los individuos de este tipo se sienten únicos y diferentes de los demás. Tienen una rica vida interior, son sensibles y creativos. Suelen enfocarse en sus emociones y en la búsqueda de significado personal.

Tipo 5 - El Investigador: Este tipo se identifica con la búsqueda de conocimiento y la comprensión del mundo que les rodea. Son observadores profundos, analíticos y les gusta explorar ideas complejas. Tienen una necesidad de sentirse competentes y preparados ante cualquier situación.

Tipo 6 - El Leal: Los individuos de este tipo tienden a ser precavidos y están constantemente alerta ante posibles problemas. Buscan seguridad y estabilidad, por lo que suelen anticipar y prepararse para situaciones adversas. Son leales y confiables en sus relaciones.

Tipo 7 - El Entusiasta: Los entusiastas disfrutan explorando nuevas experiencias y opciones en la vida. Son optimistas, llenos de energía y siempre buscan el lado positivo de las cosas. Tienden a evitar el dolor emocional y buscan la variedad y la diversión.

Tipo 8 - El Protector: Este tipo siente la necesidad de controlar su entorno y proteger a los que aman. Son personas directas, asertivas y dominantes, con una fuerte presencia y determinación. Buscan la justicia y valoran la honestidad y la lealtad

Tipo 9 - El Pacificador: Los pacificadores prefieren mantener la paz y la armonía en sus relaciones y entorno. Son pacientes, comprensivos y buscan evitar conflictos. Suelen poner las necesidades de los demás por encima de las suyas propias y buscan un sentido de unidad y tranquilidad.

Estos nueve tipos ofrecen una guía útil para comprender mejor las motivaciones, comportamientos y necesidades emocionales de cada persona, ayudándote a explorar tu propio tipo y descubrir cómo puedes crecer y desarrollarte personalmente.

2. Interpretación de resultados:

o Después de responder las preguntas, revisa cuáles de los tipos de personalidad resonaron más contigo. Es común identificarse con uno o dos tipos principales.

o Lee más sobre los tipos de personalidad que más te llamaron la atención. Aprende sobre sus motivaciones, temores y patrones de comportamiento característicos.

o Reflexiona sobre cómo estos patrones pueden influir en tus relaciones, decisiones y forma de enfrentar los desafíos.

o Utiliza esta información para comprender mejor tus fortalezas y áreas de crecimiento, así como para mejorar tu autoconocimiento y tus interacciones con los demás.

Te recomiendo que busques a un profesional especializado en la realización de estos exámenes y evaluaciones, ya que pueden ser bastante complejos. Haz lo que sea necesario para conocerte a ti mismo. Si te contara todo lo que he hecho en mi camino hacia el autoconocimiento, te sorprenderías. He explorado la numerología, que por cierto me encantó, y también he trabajado con mi carta natal. Además, soy facilitadora del DISC, gracias a mi formación como coach de John Maxwell.

También te animo a que pruebes diferentes terapias y enfoques, todo lo que te ayude a conocerte mejor. Si dedicas tiempo al amor de tu vida, es hora de que también dediques ese tiempo al verdadero amor de tu vida: ¡tú mismo!

¿Qué es DISC? Es un modelo de evaluación de la personalidad que se utiliza para comprender los comportamientos de las personas en diferentes situaciones. El nombre "DISC" es un acrónimo que representa cuatro dimensiones del comportamiento humano:

1. Dominancia (D - Dominance): Este rasgo mide cómo las personas enfrentan problemas y desafíos. Las personas con un alto puntaje en Dominancia tienden a ser directas, orientadas a los resultados, competitivas y asertivas.

2. Influencia (I - Influence): Este rasgo mide cómo las personas interactúan e influyen en los demás. Las personas con un alto puntaje en Influencia suelen ser sociables, persuasivas, entusiastas y motivadoras.

3. Estabilidad (S - Steadiness): Este rasgo mide cómo las personas responden al ritmo del entorno y a las demandas de cambio. Las personas con un alto puntaje en Estabilidad tienden a ser calmadas, pacientes, consistentes y leales.

4. Cumplimiento (C - Conscientiousness): Este rasgo mide cómo las personas se relacionan con las reglas, procedimientos y estándares establecidos. Las personas con un alto puntaje en Cumplimiento suelen ser precisas, analíticas, detallistas y organizadas.

El modelo DISC es ampliamente utilizado en entornos laborales, de coaching y de desarrollo personal para mejorar la comunicación, el trabajo en equipo y el liderazgo. Al comprender tu perfil DISC, puedes identificar tus puntos fuertes y áreas de mejora, y también aprender a interactuar de manera más efectiva con personas que tienen diferentes estilos de comportamiento.

Estas herramientas pueden proporcionar perspectivas únicas sobre tu personalidad y las áreas donde puedes sentir vergüenza o inseguridad. Combinarlas con las prácticas anteriores te permitirá un enfoque holístico para conocerte mejor y trabajar en tu crecimiento personal.

Capítulo VII
CÓMO SUPERAR LA VERGÜENZA Y ALCANZAR EL ÉXITO

La vergüenza es una de las emociones más debilitantes que podemos experimentar. Nos ata a la inseguridad, el miedo y la autocrítica, impidiéndonos vivir plenamente y alcanzar el éxito. Sin embargo, superar la vergüenza es posible. En este capítulo, te guiaré a través de un proceso paso a paso para liberarte de la vergüenza y construir una vida de éxito. Sigue estos pasos y aplica los tips prácticos que te ayudarán a transformar tu vida.

Paso 1: Reconoce la vergüenza

El primer paso para superar la vergüenza es reconocerla. A menudo, la vergüenza se esconde detrás de otras emociones como la ira o la tristeza. Reflexiona sobre los momentos en los que te has sentido inferior, expuesto o avergonzado. Identificar estos sentimientos es el primer paso para abordarlos.

Tip: Mantén un diario emocional. Escribe sobre situaciones que te han hecho sentir vergüenza. Al hacerlo, comenzarás a entender los patrones y desencadenantes de esta emoción.

Paso 2: Acepta la vulnerabilidad

La vergüenza prospera en la oscuridad, en el silencio y el secreto. Para superarla, es crucial aceptar tu vulnerabilidad y ser honesto contigo mismo. Aceptar que todos somos imperfectos y que la vulnerabilidad es parte de la experiencia humana es un acto poderoso.

Tip: Practica la autoaceptación diaria. Frente al espejo, repite afirmaciones como: "Me acepto tal como soy, con todas mis fortalezas y debilidades."

Paso 3: Desafía las creencias limitantes

La vergüenza a menudo se alimenta de creencias limitantes: ideas que tenemos sobre nosotros mismos que nos hacen sentir indignos o insuficientes. Es importante desafiar estas creencias y reemplazarlas por pensamientos positivos y realistas.

Tip: Haz una lista de tus creencias limitantes. Luego, escribe al lado de cada una creencia empoderante que la desafíe. Por ejemplo, si crees "No soy lo suficientemente bueno," reemplázala con "Soy valioso y tengo mucho que ofrecer."

Paso 4: Habla sobre la vergüenza

Hablar sobre lo que te causa vergüenza puede ser aterrador, pero también es liberador. Compartir tus experiencias con alguien en quien confíes te ayudará a quitarle poder a la vergüenza.

    Tip: Encuentra un amigo de confianza, un mentor o un terapeuta con quien puedas hablar abiertamente. Practica la comunicación asertiva y recuerda que compartir tu vulnerabilidad te hace más fuerte, no más débil.

Paso 5: Cultiva la autocompasión

La autocompasión es el antídoto a la vergüenza. En lugar de criticarte a ti mismo por tus errores o defectos, trata de ser amable contigo mismo. La autocompasión implica reconocer que todos cometemos errores y que está bien fallar.

    Tip: Cuando te sientas avergonzado, pregúntate: "¿Cómo trataría a un amigo en esta situación?" Luego, aplícalo a ti mismo. Practica ejercicios de respiración profunda para calmarte, en momentos de autocrítica.

Paso 6: Enfócate en tus logros y fortalezas

Superar la vergüenza también implica cambiar tu enfoque. En lugar de centrarte en tus defectos o errores, comienza a valorar tus logros y fortalezas. Esto te ayudará a reconstruir tu autoestima y a verte a ti mismo bajo una luz más positiva.

Tip: Crea una lista de tus logros, por pequeños que sean. Lee esta lista regularmente para recordarte todo lo que has logrado. Celebrar tus victorias es esencial para mantener una mentalidad de éxito.

Paso 7: Rodéate de personas que te apoyen

La vergüenza puede crecer en ambientes tóxicos donde no te sientes valorado o aceptado. Rodéate de personas que te apoyen, que te valoren por quién eres y que te impulsen a ser la mejor versión de ti mismo.

Tip: Evalúa tus relaciones. Identifica aquellas personas que te hacen sentir bien contigo mismo y pasa más tiempo con ellas. Aléjate de aquellos que te hacen sentir menos o que refuerzan tus inseguridades.

Paso 8: Toma acción hacia tus metas

La acción es uno de los pasos más poderosos para superar la vergüenza. A menudo, la vergüenza nos paraliza, impidiéndonos avanzar. Romper ese ciclo implica tomar pequeñas acciones hacia nuestras metas, incluso cuando nos sentimos inseguros.

Tip: Establece metas pequeñas y alcanzables que te acerquen a tus sueños. Celebra cada paso que des, sin importar lo pequeño que sea. Cada acción que tomes es una victoria sobre la vergüenza.

Paso 9: Encuentra un propósito

La vergüenza puede desvanecerse cuando encuentras un propósito más grande que tú mismo. Enfocarte en lo que puedes aportar al mundo y cómo puedes ayudar a los demás te da una perspectiva diferente y reduce la importancia de tus propias inseguridades.

Tip: Reflexiona sobre tus pasiones y cómo puedes usarlas para hacer una diferencia en la vida de otros. Encontrar un propósito te dará la motivación necesaria para superar la vergüenza y alcanzar el éxito.

Paso 10: Practica la gratitud

La gratitud tiene el poder de transformar tu perspectiva y disminuir la vergüenza. Cuando te concentras en lo que tienes y en lo que valoras, es más difícil enfocarte en lo que te falta o en lo que te avergüenza.

Tip: Cada día, escribe tres cosas por las que estás agradecido. Este simple hábito puede cambiar tu mentalidad y ayudarte a enfocarte en lo positivo.

Paso 11: Crear Nuevas Creencias Familiares por Escrito

Superar la vergüenza a menudo requiere reprogramar las creencias que hemos heredado de nuestras familias. Estas creencias, muchas veces, están profundamente arraigadas y pueden perpetuar sentimientos de insuficiencia, culpa o vergüenza. Una de las formas más poderosas de romper con este ciclo es crear conscientemente nuevas creencias familiares, y escribirlas es un paso crucial en ese proceso.

¿Por qué escribir nuevas creencias?

Cuando escribes algo, lo haces tangible. Le das forma, lo visualizas, y permites que se convierta en una parte activa de tu vida. Escribir nuevas creencias familiares te permite reemplazar esas antiguas ideas que ya no te sirven por creencias que promuevan el amor propio, la aceptación y el empoderamiento.

Cómo hacerlo:

1. Identifica las creencias familiares actuales: Reflexiona sobre las creencias que has heredado de tu familia, especialmente aquellas que te han generado vergüenza o te han limitado. Por ejemplo, frases como "no somos lo suficientemente buenos" o "las cosas malas siempre nos pasan a nosotros" pueden ser creencias profundamente arraigadas.

2. Cuestiona su validez: Pregúntate si estas creencias son realmente ciertas o si son solo percepciones basadas en experiencias pasadas. Recuerda que las creencias se pueden cambiar.

3. Reformula las creencias negativas: Escribe nuevas creencias que reflejen una visión positiva y empoderadora de ti mismo y de tu familia. Por ejemplo, si la creencia familiar es "no somos dignos de éxito," puedes reformularla

como "somos capaces y merecedores de todo el éxito que deseamos."

4. Hazlo en comunidad: Si es posible, comparte este proceso con otros miembros de tu familia. Hablar abiertamente sobre las viejas creencias y cómo se pueden transformar en algo positivo puede ayudar a sanar heridas colectivas y construir una nueva narrativa familiar.

5. Repite y refuerza: Lee estas nuevas creencias regularmente, especialmente en momentos de duda o cuando sientas que la vergüenza intenta reaparecer. Cuanto más refuerces estas creencias, más se integrarán en tu vida diaria.

Ejemplo de Nuevas Creencias Familiares:

• Vieja Creencia: "En nuestra familia, siempre hemos sido víctimas de la vida."

• Nueva Creencia: "En nuestra familia, somos resilientes y capaces de superar cualquier desafío."

• Vieja Creencia: "La vergüenza nos define."

• Nueva Creencia: "Somos dignos de amor y aceptación, tal como somos."

• Vieja Creencia: "El pasado dicta nuestro futuro."

• Nueva Creencia: "Creamos nuestro propio destino, independientemente del pasado."

Al escribir y adoptar estas nuevas creencias, no solo estarás liberándote de la vergüenza, sino que también estarás sembrando las semillas para una nueva herencia emocional que podrás transmitir a las futuras generaciones. Este es un acto de poder y transformación que te ayudará a vivir una vida más auténtica y libre de las cadenas del pasado.

Superar la vergüenza no es un proceso rápido, pero es un viaje que vale la pena. Con estos pasos y tips, puedes liberarte de la vergüenza que te ha estado reteniendo y comenzar a vivir una vida de éxito y plenitud. Recuerda que cada día es una nueva oportunidad para avanzar, y que tú tienes el poder de cambiar tu vida.

Este es solo el comienzo de tu transformación. ¡El éxito está a tu alcance!

El camino es la preparación, el aprendizaje

Puedes cambiar esa realidad con una buena preparación. Y sí, lo sé, quizás te suene abrumador, pero créeme, es más sencillo de lo que parece. Permíteme guiarte paso a paso.

Primero, debes definir tus metas. ¿Qué es lo que realmente deseas alcanzar? Tómate un momento para pensar en tus sueños, en lo que te apasiona, en lo que te gustaría lograr en tu vida. Tal vez quieras avanzar en tu carrera, aprender una nueva habilidad, mejorar tus relaciones personales, o simplemente sentirte más seguro de ti mismo. No importa cuán grande o pequeño sea tu objetivo, lo importante es que lo definas con claridad.

Una vez que tienes tus metas claras, es hora de hacer un plan. No tienes que tener todos los detalles desde el principio, pero sí necesitas un mapa que te guíe. Divide tu meta en pequeños pasos alcanzables. Imagina que quieres correr una maratón; no puedes hacerlo de la noche a la mañana, ¿verdad? Primero necesitas empezar a caminar, luego a correr distancias cortas, y poco a poco aumentar tu resistencia. Así es con cualquier meta. Paso a paso, con constancia y dedicación, irás avanzando.

Ahora, pregúntate: ¿Cómo puedo alcanzar esto que quiero? Esta es una pregunta poderosa que te abrirá la mente a nuevas posibilidades. Por ejemplo, si tu meta es mejorar en tu trabajo, podrías preguntarte: ¿Necesito adquirir nuevas habilidades? ¿Debería buscar un mentor? ¿Hay algún curso que pueda tomar? ¿Cómo puedo gestionar mejor mi tiempo? Si tu objetivo es mejorar tus relaciones, podrías preguntarte: ¿Cómo puedo ser un mejor amigo, pareja o colega? ¿Qué acciones concretas puedo tomar para demostrar mi aprecio y apoyo a los demás?

Las respuestas a estas preguntas te darán una hoja de ruta. Y aquí es donde comienza la verdadera magia. Empieza a actuar sobre esas respuestas, poco a poco, sin prisa, pero sin pausa. Cada pequeño paso que tomes te acercará a tu meta. Y lo más importante, celebra cada logro, por pequeño que sea. Cada vez que logras algo, por mínimo que parezca, es un paso adelante, un avance hacia la vida que deseas.

Recuerda, la preparación es clave. No se trata solo de trabajar duro, sino de trabajar inteligentemente. Aprovecha los recursos a tu disposición, aprende de los que ya han recorrido el camino que tú quieres seguir, y no tengas miedo de cometer errores. Los errores son oportunidades disfrazadas, son lecciones que te fortalecen y te hacen más sabio.

La vida es un viaje lleno de aprendizajes y desafíos. Con preparación y una actitud positiva, puedes cambiar cualquier realidad. Así que, ¿qué estás esperando? Define tus metas, haz tu plan y comienza a caminar hacia tus sueños. Estoy aquí para recordarte que sí puedes, y que cada paso cuenta.

A veces, sin darnos cuenta, absorbemos ideas equivocadas que limitan nuestro potencial. Por ejemplo, si pasas demasiado tiempo viendo telenovelas, podrías empezar a creer que necesitas un "príncipe azul" para resolver tus problemas. Ves mujeres en la pantalla que dependen de un hombre con un carro lujoso para salvarlas. Pero detente a pensar, ¿realmente quieres al tipo o solo a su carro? ¿Por qué no trabajar por tu propio carro?

Cuando yo era más joven, cometí ese error. Pensé que para tener lo que quería, necesitaba a alguien que ya lo tuviera. Soñaba con salir con el chico del coche caro, pensando que eso resolvería mis problemas. Pero la realidad es que ese tipo de pensamiento es un escape fácil, una forma de evitar el esfuerzo y la responsabilidad de trabajar por lo que quieres.

Decidí cambiar esa mentalidad y hacer un plan para conseguir lo que deseaba por mí misma. Mi meta principal era obtener mi propia casa. Al principio, pensé que conseguir un novio con un coche de lujo sería la solución. Pero luego, comprendí que eso no era lo que realmente quería ni lo que me haría feliz a largo plazo. Necesitaba independencia y la satisfacción de lograr mis objetivos por mis propios medios.

Entonces, me puse a trabajar duro. Tenía tres empleos: uno en el aeropuerto, otro en una oficina y un tercero en un restaurante. Apenas dormía, solo unas cuatro horas cada noche, y esto duró cuatro meses. Estaba bajo una presión inmensa, pero sabía que era necesario para alcanzar mi objetivo.

Finalmente, me di cuenta de que necesitaba encontrar un trabajo que realmente me permitiera ahorrar lo suficiente para comprar mi casa. Así que busqué y encontré una oportunidad que se ajustaba a mis necesidades y que me permitió trabajar de manera más sostenible y efectiva. Con el tiempo, logré mi meta. Compré mi propia casa, no gracias a un hombre con un coche lujoso, sino gracias a mi propio esfuerzo y determinación.

La lección aquí es clara: no dejes que ideas erróneas y limitantes te detengan. Pregúntate qué es lo que realmente quieres y haz un plan para conseguirlo. No busques escapes fáciles, sino soluciones reales. Trabaja duro, busca las oportunidades adecuadas y, sobre todo, cree en tu capacidad para lograr tus sueños. Tú tienes el poder de cambiar tu realidad y alcanzar cualquier meta que te propongas.

A veces, la vida nos pone frente a decisiones difíciles y caminos inciertos. Tengo fresco en mi memoria un día en particular cuando me encontré buscando nuevas oportunidades de trabajo en el periódico. La opción con el mejor salario, sin duda, no era una para mí: ser dama de compañía. No podía ni considerarlo. La segunda mejor opción era trabajar en ventas. Sin embargo, había un requisito crucial: necesitaba un buen carro para poder realizar el trabajo.

No había lugar a otra cosa, con determinación, comencé a ahorrar cada centavo para comprar un buen carro. Trabajé duro, recorté gastos innecesarios y me enfoqué en mi objetivo. Finalmente, el día llegó y logré comprar mi carro. Con esa primera gran meta cumplida, me dirigí a hablar con el dueño de la compañía de ventas. Llena de nervios y esperanza, le dije: "Ya tengo el carro, ¿me das el trabajo?" Para mi alivio y alegría, me recibieron como vendedora.

Entrar en el mundo de las ventas fue emocionante y desafiante a la vez. Cada día era una oportunidad para aprender y crecer. Sin embargo, no me conformaba con las ventas pequeñas. Soñaba con cerrar un gran proyecto, uno que marcara una diferencia significativa. Vendía ventanas y veía la posibilidad de vender un gran lote a una constructora como la oportunidad de mi vida.

Después de semanas de esfuerzo y negociaciones, finalmente lo logré. Conseguí cerrar un trato importante con una constructora. Estaba eufórica, imaginando el éxito que esto significaría para mi carrera. Pero, como a veces sucede en la vida, las cosas no salieron como esperaba. Justo cuando íbamos a recoger el cheque, el negocio se vino abajo. Sentí que todo mi esfuerzo se desmoronaba en un instante.

Cuando regresé a la oficina, desanimada y frustrada, mi jefe me miró con simpatía y dijo: "Siento que las bendiciones quieren venir, pero caen en un saco roto." Sus palabras resonaron en mi mente. Me hizo reflexionar sobre cómo, a veces, por más que lo intentemos, parece que las cosas no salen como queremos. Pero también entendí que no debía dejarme vencer por esos momentos de fracaso.

La vida es un camino lleno de altibajos. Lo importante es no rendirse ante los obstáculos. Cada caída es una oportunidad para levantarse con más fuerza y determinación. El fracaso no es el fin del camino, sino una lección que nos prepara para el éxito futuro.

Si alguna vez te encuentras en una situación similar, donde sientes que todo tu esfuerzo se desmorona, recuerda que cada paso, cada pequeño logro y cada intento fallido te está llevando hacia algo mejor. No dejes que un revés te defina. Sigue adelante con la frente en alto y el corazón lleno de esperanza. Las bendiciones llegarán, y cuando lo hagan, te darás cuenta de que todo el esfuerzo valió la pena.

Tiempo después, mi vida dio un giro significativo cuando comencé a escuchar un libro titulado "La Ley del Tope" de John Maxwell. Las ideas y enseñanzas de Maxwell hicieron mella en mí, y decidí que era momento de hacer un cambio verdadero. En paralelo, emprendí un reto de ayuno y oración, inspirado por un grupo de radio al que había comenzado a seguir. Este reto no solo era físico, sino también espiritual y emocional, ya que buscaba claridad y dirección en mi vida.

Cada día del ayuno, mientras escuchaba el libro y reflexionaba sobre sus palabras, sentía que algo dentro de mí se fortalecía. La disciplina del ayuno y la oración me enseñaron mucho sobre mí misma, sobre mi determinación y mi fe. Me volví más consciente de mis metas y de los pasos que debía seguir para alcanzarlas.

Al siguiente año, mi esfuerzo y dedicación comenzaron a dar frutos de manera asombrosa. Logré vender dos proyectos grandes, algo que había soñado pero que siempre parecía inalcanzable. Esa fue la señal de que todo el trabajo duro y la fe estaban comenzando a alinearse. Con esas ventas, pude finalmente comprar mi casa, un hito que representaba mucho más que un simple lugar para vivir. Era el símbolo de mi perseverancia, de mis sueños materializándose.

Lo que aprendí durante ese periodo es invaluable. Primero, es crucial aceptar tu realidad. No puedes cambiar lo que no reconoces. Una vez que aceptas dónde estás, puedes empezar a planificar hacia dónde quieres ir. Hacer un plan detallado es esencial, pero también es vital entender que los planes no son inamovibles. Debes ser flexible y estar dispuesto a hacer ajustes según las circunstancias.

Además del plan, algo fundamental es la fe. Encomendarse a Dios o a la fuerza divina en la que creas es un apoyo enorme. Yo le pedí a Dios con todo mi corazón, y creo firmemente que fue esa conexión espiritual la que me dio la fortaleza para seguir adelante. La fe no solo te brinda esperanza, sino que también te da la confianza de que, aunque el camino sea difícil, no estás solo.

Te invito a reflexionar sobre tu propia vida. ¿Qué realidad necesitas aceptar hoy? ¿Qué plan puedes diseñar para avanzar hacia tus metas? Y más allá del plan, ¿dónde encuentras tu fuerza y tu fe?

Considerando el impacto positivo que tuvo para mí la lectura del libro "La ley del tope", quiero que tú también descubras este poderoso principio.

Maxwell nos dice que nuestra capacidad de liderazgo es el tope que determina nuestro nivel de efectividad y éxito. Esto significa que nuestras habilidades de liderazgo establecen un límite superior a lo que podemos lograr, tanto a nivel personal como organizacional.

Cuando leí este libro, me di cuenta de que había estado limitándome a mí misma debido a mis propias inseguridades y vergüenzas. Maxwell utiliza un ejemplo muy poderoso: la historia de los hermanos McDonald y Ray Kroc. Los hermanos McDonald tuvieron una gran idea, pero fue Ray Kroc, con su capacidad de liderazgo superior, quien llevó esa idea al éxito mundial que es hoy. Este ejemplo me hizo ver que mi capacidad de liderar, de influir y de inspirar a otros, estaba directamente relacionada con los límites que me había impuesto.

Maxwell enfatiza que podemos romper ese tope desarrollando nuestras habilidades de liderazgo. Esto es algo que puedes hacer también. Aquí están algunas claves que aprendí y que quiero compartir contigo:

1. Reconocer el tope: El primer paso es ser honesto contigo mismo sobre tus limitaciones. Pregúntate: ¿Qué me está frenando? ¿Qué habilidades necesito desarrollar?

2. Compromiso con el crecimiento: El liderazgo es un viaje continuo. Debes comprometerte a aprender constan-

temente, ya sea a través de la educación, la autoevaluación o aprendiendo de otros líderes.

3. Aplicar nuevas estrategias: No basta con aprender; debes aplicar lo que aprendes. Pon en práctica nuevas habilidades y estrategias en tu vida diaria y en tu trabajo.

4. Involucrar a otros: Fomenta el desarrollo de liderazgo en tu equipo o en tu comunidad. Al elevar el tope colectivo, todos avanzan juntos.

Este libro me ayudó a ver que muchos de los límites que me habían impuesto no eran reales, sino creados por mi propia mente. La vergüenza, esas pequeñas voces que me decían que no era lo suficientemente buena, se convirtieron en una barrera. Pero al entender "La Ley del Tope", aprendí a superar esas barreras. Me di cuenta de que, para alcanzar mis metas, debía elevar mi capacidad de liderazgo.

Quiero que pienses en tus propias vergüenzas. Tal vez sientas que no eres lo suficientemente bueno, que no tienes las habilidades necesarias o que tu origen te limita. Pero te digo, desde el fondo de mi corazón, que esos son solo topes que puedes superar.

Te animo a que tomes las riendas de tu vida. Define tus metas, haz un plan y pregúntate: ¿Qué necesito hacer para alcanzar esto que quiero? Recuerda que el crecimiento personal y profesional es un viaje. No te desanimes por los obstáculos; cada desafío es una oportunidad para elevar tu tope y expandir tu potencial.

Finalmente, confía en ti mismo y en tus capacidades. Encomiéndate a tus creencias, ya sea Dios, la divinidad, o la fuerza que te impulsa. La combinación de un plan bien estructurado, la dedicación al crecimiento y la fe en ti mismo te llevará más lejos de lo que jamás imaginaste.

Ama a la persona que ves en el espejo

Nadie ha logrado algo significativo en la vida sin una buena dosis de amor propio. Quiero que te tomes un momento para reflexionar y abrazar cada parte de ti mismo. Es crucial aceptarte tal como eres, con todas tus virtudes y defectos. Entiendo que hay aspectos de nosotros que todavía no aceptamos completamente, y está bien. Lo importante es saber que tenemos la capacidad de cambiar y mejorar.

Cada persona debe decidir qué es lo que realmente quiere en la vida. Esta elección es profundamente personal y única para cada individuo. Tus decisiones, tus sueños y tus aspiraciones forman un camino que solo tú puedes recorrer. A veces, este camino requiere que realices ajustes y aprendizajes, pequeños pasos que te lleven hacia grandes cambios.

Ya te conté sobre el día en que decidí tomar un curso de computación. Fue uno de mis primeros pivotes importantes. No tenía mucha idea de lo que estaba haciendo, pero sabía que necesitaba aprender algo nuevo para avanzar en mi vida. Para mí, ese curso fue más que una clase; fue un catalizador para mi crecimiento personal y profesional.

Quiero que pienses en lo que necesitas aprender. ¿Qué habilidades te faltan? ¿Qué conocimientos podrían abrirte nuevas puertas? En mi caso, uno de los grandes desafíos fue aprender a comunicarse de manera efectiva. Necesitaba mejorar mi comunicación con mis estudiantes y con mi equipo de trabajo. No fue fácil, pero con determinación y práctica, lo logré.

Para avanzar, es esencial tener claros tus objetivos. Imagina un 80% de tu mente enfocada en tus metas y solo un 20% en la preparación. Este equilibrio te permitirá estar siempre orientado hacia el logro de tus sueños sin sentirte abrumado por los detalles del proceso. Visualiza lo que quieres, y luego trabaja en los pequeños pasos necesarios para llegar allí.

Te invito a hacerte algunas preguntas importantes: ¿Qué es lo que realmente quiero alcanzar? ¿Qué conocimientos o habilidades necesito desarrollar para lograrlo? Dedica tiempo a reflexionar sobre estas preguntas y a diseñar un plan de acción. Tu camino hacia el éxito comienza con una decisión consciente de mejorar y aprender.

Recuerda que la vida es un constante aprendizaje. Cada día es una nueva oportunidad para crecer y acercarte más a tus sueños. No te rindas ante los obstáculos, y sigue adelante con determinación y fe en ti mismo.

Algunas vergüenzas son tan reales y pesadas que parecen insuperables. Recuerdo un entrenamiento con Margarita Pasos, una mentora excepcional que me enseñó una lección valiosa a través de una historia conmovedora.

Margarita nos contó sobre una persona que vivía atormentada por una gran vergüenza: tenía una deuda considerable y sentía una profunda humillación al respecto. Su acreedor, con cruel intención, intentaba avergonzarlo más, utilizando la deuda como un arma para minar su autoestima y dignidad. Cada vez que se encontraban, el acreedor no perdía la oportunidad de recordarle su situación, esperando que la vergüenza lo consumiera por completo.

Esta persona vivía con el miedo constante de ser juzgada, de ser vista como alguien que había fallado. La deuda no solo era una carga financiera, sino una herida abierta que sangraba cada vez que se enfrentaba a su acreedor. Sentía que el peso de esa deuda lo definía, lo encasillaba en un lugar oscuro del cual no podía escapar.

Pero un día, algo cambió. Margarita relató cómo esta persona, después de mucho sufrimiento y reflexión, decidió enfrentar su vergüenza. Comprendió que su valor no podía ser medido por el monto de una deuda, que su dignidad estaba intacta, independientemente de su situación económica. Con una nueva perspectiva, encontró la fuerza para hablar con su acreedor, para mirar más allá de la humillación.

Se plantó frente a él y, con la cabeza en alto, dijo: "Reconozco la deuda que tengo contigo. Sé que he fallado, pero estoy dispuesto a trabajar arduamente para pagar lo que debo. Déjame demostrar mi compromiso y responsabilidad" Si me sigues atacando y diciéndole a todo el mundo que te debo no podré pagarte porque nadie querrá hacer negocios conmigo. En ese momento, algo mágico sucedió. Al superar su vergüenza y enfrentarse con sinceridad y valentía, no solo recuperó su dignidad, sino que también ganó el respeto de su acreedor.

Este acto de coraje transformó su vida. Dejó de vivir bajo la sombra de la vergüenza y empezó a ver cada día como una oportunidad para redimirse y crecer. Aprendió que aceptar nuestras debilidades y errores no nos hace menos, sino más humanos y auténticos.

Quiero que tomes esta historia y la hagas tuya. Piensa en aquellas vergüenzas que te han estado frenando. ¿Qué situaciones te han hecho sentir pequeño e insuficiente? Es hora de que las enfrentes con valor y amor propio. Reconoce tus fallos, pero no te definas por ellos. Cada uno de nosotros tiene la capacidad de cambiar, de mejorar, de pagar nuestras deudas y de caminar con la frente en alto.

Recuerda siempre que la verdadera fuerza no reside en no cometer errores, sino en la capacidad de levantarnos, aprender y seguir adelante. Acepta tus vergüenzas, trabaja en tus debilidades, prepárate en lo que tengas que prepararte, cambia tu aspecto físico, si eso te hace sentir más seguro, y conviértete en la mejor versión de ti mismo. Lee, cultiva tu mente a diario, ese es el secreto.

Made in the USA
Middletown, DE
24 October 2024